知ってておきたい

幸せになれる姓名学

あなたにもできる姓名判断！
あなたの名前は吉？ それとも凶？

井上象英

はじめに

この世に生まれて最初に両親から贈られるもの、それが「名前」です。そして、名前を授かったときから長い人生をともにします。皆さんも毎日、家庭や職場、学校などさまざまな場面で、自分の名前を使っているでしょう。

このように姓名には、自分の存在を示す大きな役割があります。しかし、それだけではありません。姓名には、一人ひとりの性格や運勢が表れ、また、その人の運命さえも左右する不思議な力をもっているのです。

私たちはよく「あの人は運がいいから」とか、「あのときは運が悪かった」という言い方をしますが、こうした運の良し悪しも偶然ではなく、じつは姓名の中にその人の人格そのものが反映し、人生の暗示が宿っています。

姓名の「姓」は先祖伝来のもので、生まれたときにはすでに定められています。この「姓」と、誕生後につけられた「名」との組み合わせで吉凶を判断するのが姓名学です。陰陽思想、木・火・土・金・水の五気思想からなる「五行説」とも密接な関係があります。

「姓」には先天的な宿命が表れますが、「名」は後天的な運勢が表れます。最近は残念ながら、文字のもつ意味や字画などを考えず、イメージを優先して名づけたようなケースが少なくありません。しかし、姓と調和した吉名を選んで命名することが、生まれてきたわが子への何よりの贈りものであり、幸福な人生を願うことになるでしょう。

また、「水は方円の器に従い、人は善悪の友に依る」とありますが、バランスのとれた吉相の名の持ち主は志のある良き人達と出会うチャンスに多く恵まれると考えられます。まして、姓名には未だ自らも気付かない運命の姿を、名前の構成によって容易にうかがい知ることが出来、これを知ることによって、より明るい開運の道、人生の意義を見出し、良き運命を手にする鍵が秘められているのです。

本書では、姓名の持つ意味や性格的な特徴をはじめ、誕生から晩年にわたって家庭運や結婚運、仕事運、社会運、金運、健康運など、また相性や向いている職業などについてやさしく解説しました。

「姓名」を知ることは、人生に向き合い、自分自身を知ることにつながります。そして、姓名の持つ力を意識したとき、運勢の流れが好転し、運命もまた向上へと向かうでしょう。本書が、読者の方々にとって幸運な人生を送るためのガイドとなれば幸いです。

井上象英

[目次]

知ってておきたい幸せになれる姓名学

第二章

第三章　天地の配置

第四章　五気の配置

第一章

姓名学とは？

自分の名前を書いてみよう

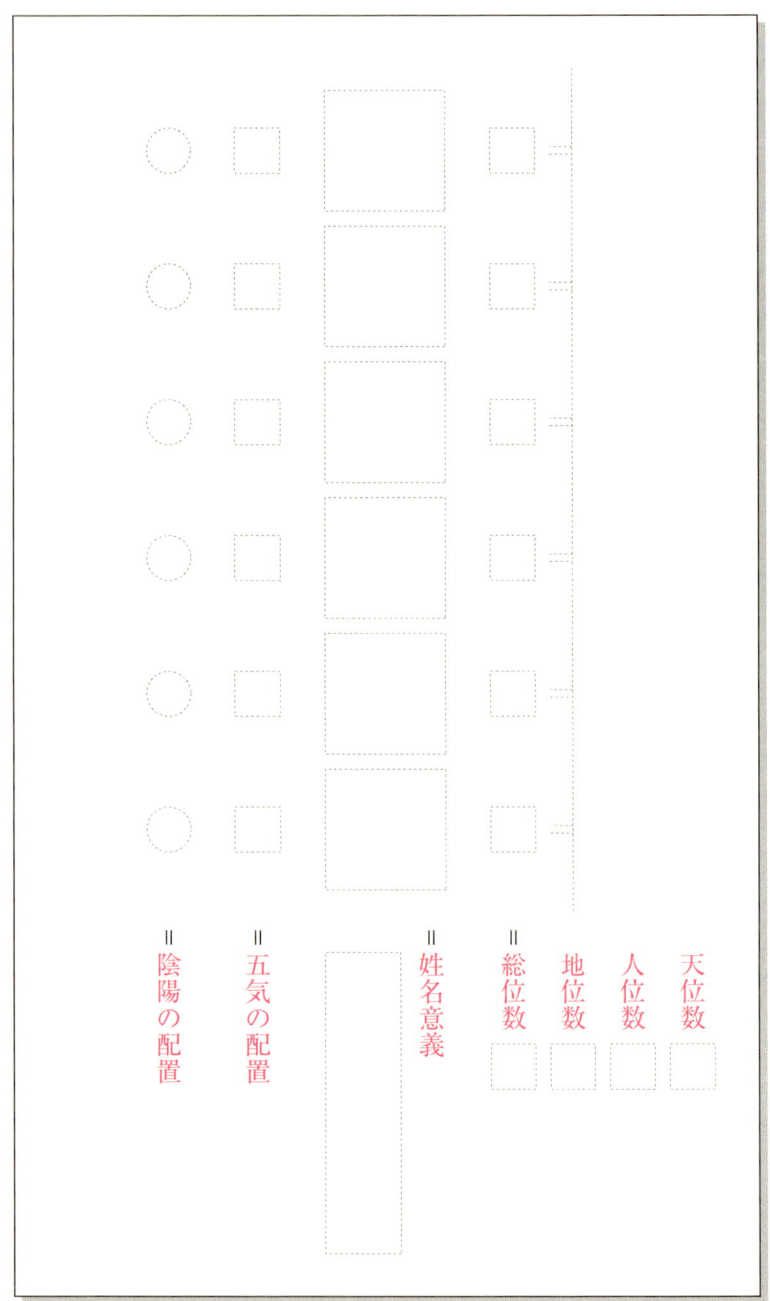

天位数

人位数

地位数

＝総位数

＝姓名意義

＝五気の配置

＝陰陽の配置

姓名構成の五大原則

姓名の良否は、その構成上の五大原則に応じているか否かで決定されますので、選名にあたってはこの五大原則を知る必要があります。具体的には、陰陽の配置・天地の配置・五気の配置・字画の持つ命運数・姓名意義の五つの原則を指します。

陰陽の配置	五気の配置	姓名意義	総位数
●	火	徳	14
○	金	川	3
●	木	家	10
○	木	康	11

天位数 17
人位数 13
地位数 21
総位数 38

一、姓名意義

詳しくは26ページへ

姓と名との文字関係と、読み下し音波が調和するか否かを見ることで、その吉凶を判断します。

二、陰陽の配置

詳しくは28ページへ

太陽と月、あるいは乾坤の配置と言われ、文字の陰陽配列の関係で、その吉凶を判断します。

三、天地の配置

詳しくは36ページへ

姓の頭文字、名の頭文字の画数の関係で、その吉凶を判断します。

四、五気の配置

詳しくは44ページへ

五気の配列といって、文字の音韻五行関係で、その吉凶を判断します。

五、字画の持つ命運数

詳しくは76ページへ

姓と名の字画数、及び合計数により、その吉凶を判断します。

姓名学とは？

故事に「名《な》は実《じつ》の賓《ひん》なり」とあるように、家系の尊重が重視された時代もありましたが、人の名はとても神秘的で微妙なものです。また「名は体を表す」という通り、姓名の文字や呼び方は、その人物のすべてを表します。昔は、姓名の姓は氏（ウジ）といいました。姓を重んじる風習は歴史的にも古く、中国にまでさかのぼります。姓は家柄を表したもので、姓を読むと、その家の出身地や職業、先祖の状況を知ることができたのです。日本で明治以降、この姓名をもとに人の運命を考える学問として始まったのが「姓名学」です。

姓は先祖伝来のもので天の位、すなわち「父」を意味し、数の「一」にあたります。名は地の位で、「母」の意味であり、数の「二」にあたります。そして姓と名の接続が人の位で、自分が生まれた数の「三」（産）にあたります。さらに全体の総合は、すべてをつかさどる意味で「四」（司）という数に該当し、この司は「死」につながって人生を全うするものです。

ですから子供は父母の結晶であり、生まれたときには愛児にさまざまな夢や希望を託して、よい名前をつけたいとあれこれ悩み考え、最初の贈り物として命名するわけです。

よく世間では、姓名を一種の〝符牒〟であると考える人がいるようですが、決して簡単に符牒としてかたづけられるような安易なものではありません。

たとえば「春」というと、その季節に接しなくても

優しさや温もりを感じ、「雪」といえば、白い色や北国などを連想するように、言葉によってその事物や景色が思い浮かぶでしょう。このように人の名も、呼び名、字音（音波）によって人柄を想像させ、名称によっては、いかに人の心に影響を及ぼすかが理解できると思います。

さらに、夢を託して名付けた姓名が潜在意識への暗示となり、その人の人格形成に影響し、やがて生涯の吉凶禍福にもつながっていくことになります。姓名には、人の性格や運勢が表れるのです。

したがって、姓名が良ければ、すべての面で発展的になります。凶名を吉名に改めることによって運気が変わり、開運に導かれるという考えも、姓名学の大きな特徴です。

つまり「姓名は生命なり」といわれるように、姓名はその人の運命をつかさどる重要な役割を持っているのです。ですから「姓名学」は、自分の名前の意味を深く理解し、よりよい人生を送るための道標といえるでしょう。

姓名の各部位数について

姓名の分け方

姓名学では、その姓名の吉凶を判断するために、まずその姓名を「天位数」「人位数」「地位数」「外位数」「総位数」に分けます。これらを総称して五つの運が宿る「五運」といい、姓名のそれぞれの文字ごとに正しい画数を出し、五運の画数を算出して、その調和のあり方などを調べます。

「天位数」は姓の画数、「人位数」は姓の最後の文字と名前の最初の文字の画数の合計、「地位数」は名前の画数、「外位数」は姓の一文字目と名前の最後一文字の画数の合計、「総位数」は姓と名前すべての画数の合計となります。

《姓名の分け方》

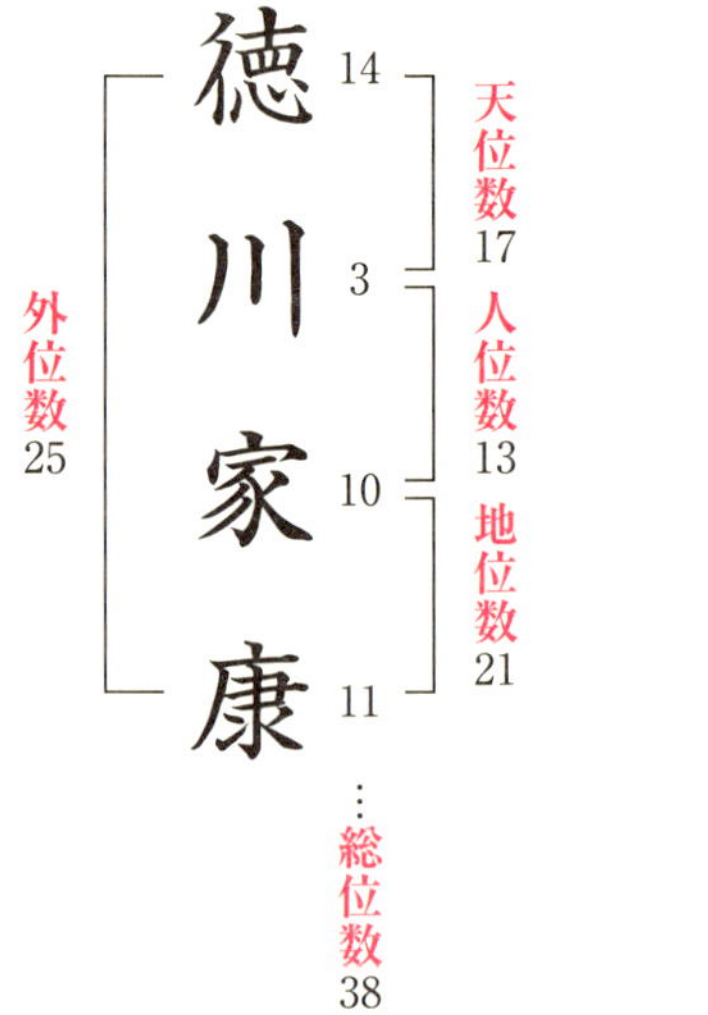

【姓が一字の場合】

◎一字名

文字	画数	
		天位数 7
谷	7	
		人位数 19
敬	12	
		地位数 12

外位数19

…総位数19

◎二字名

文字	画数	
		天位数 12
森	12	
		人位数 23
進	11	
		地位数 12
一	1	

外位数13

…総位数24

◎三字名

文字	画数	
		天位数 7
杉	7	
		人位数 14
良	7	
		地位数 20
太	4	
郎	9	

外位数16

…総位数27

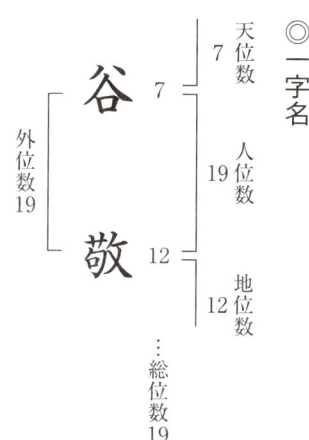

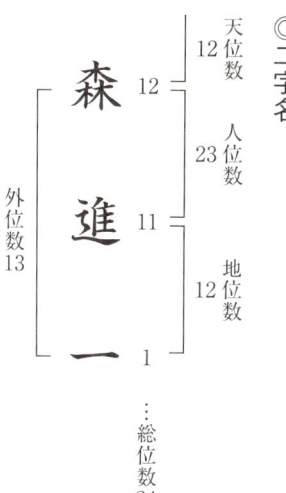

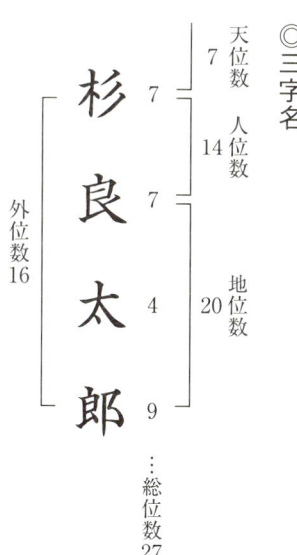

【姓が二字の場合】

◎一字名

文字	画数	
布	5	天位数 14
施	9	人位数 17
明	8	地位数 8

外位数13

…総位数22

◎二字名

文字	画数	
北	5	天位数 15
島	10	人位数 13
三	3	地位数 12
郎	9	

外位数14

…総位数27

◎三字名

文字	画数	
島	10	天位数 20
倉	10	人位数 13
千	3	地位数 11
代	5	
子	3	

外位数13

…総位数31

【姓が三字の場合】

◎一字名

内 4
山 3
田 5
洋 9

天位数 12
人位数 14
地位数 9
外位数 13
…総位数 21

◎二字名

多 6
岐 7
川 3
裕 12
美 9

天位数 16
人位数 15
地位数 21
外位数 15
…総位数 37

◎三字名

長 8
谷 7
川 3
き 3
よ 3
し 3

天位数 18
人位数 6
地位数 9
外位数 11
…総位数 27

※ひらがなは一度カタカナに直して画数を調べて下さい。

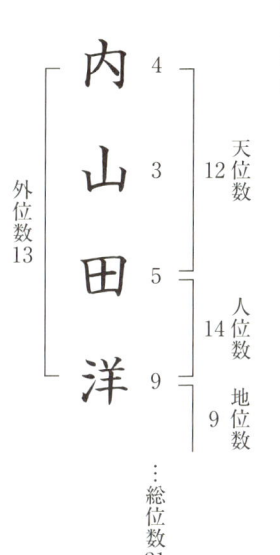

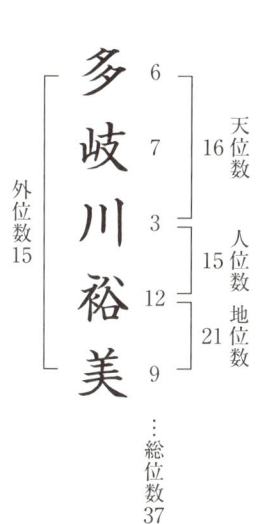

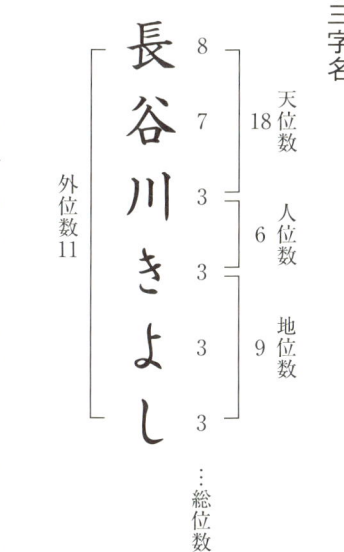

五運の意味

【天位数とは】

姓の文字の画数を合計した数が「天位数」です。姓は先祖代々受け継がれてきたものですから、その一族が共有する先天的な「宿命」が表れます。

しかし、姓は生まれたときにはすでに決まっており、その人の意志や努力では変えられないものです。したがって、現代では「天位数」で吉凶を判断することはありません。下にくる名前の画数と結合することで、はじめて意味が生まれるわけですから、いわば「天位数」はその人の運命の土台という考えにとどめましょう。

【地位数とは】

名前の文字の画数を合計した「地位数」は、姓名を構成する基礎となっていて、中年までの運気の大勢を見るところです。

天位の「天」に対して、地位は「大地」を意味し、その人が持つ根本的な性質や能力が表れます。とくに体力の強弱や体質、健康運、性格的な特徴を示すとともに、愛情運や家庭運も示します。性格的な特徴は、思春期以降は次第に薄れますが、資質は生涯変わりません。

また、人間関係では後輩や部下、子供、使用人などを象徴します。女子の場合、結婚して姓が変わっても名前はそのままなので、特に重要な部位となります。

【人位数とは】

姓の最後の文字の画数と、名前の最初の文字の画数を合計した数が「人位数」で、五運の中でも主運とされ、人生を決定づけるものとなります。

「人位数」は、性格や才能など、その人自身を表すとともに、成長するにしたがってさまざまな人間関係の中で形成された人格、それに伴う社会運や結婚運など総合的な運命が表れますから、運勢の判断には非常に大切な部位です。たとえば人位数に吉意があれば、地位数に凶意が見られても、その凶運を乗り越えることができます。

【外位数とは】

この数の取り方については様々な説がありますが、この本書ではあくまでも外の一文字とし、姓の一文字目と名の最後の文字の画数を合計した数を「外位数」といいます。

「外位数」は文字通り〝外的な運気〟で、思いがけず周り（外）から受ける影響、つまり社会運や環境運、対人運を表します。受け身的な意味合いを示すことから、五運の中では補助的な部位とされ、若い時期の異性運、結婚運、子供運などが表れます。

【総位数とは】

姓と名のすべての画数を合計した数が「総位数」です。特に内的な精神生活、外的な意識活動など姓名判断のすべての要素が含まれていることから、その人の生涯を通じての総合的な運命を暗示しています。ただし、影響を強く受けるようになるのは四十歳代ころからで、とくに中年以降の運気の大勢を見るところです。

また、天位・地位・人位・外位の四数は、その人の持つ断面的な運命を象徴していますが、「総位数」は、勤勉、努力、修養して成功者となるか、怠惰、淫放、堕落して波乱の人生を送るかといった、それらを含んだ生涯運を判断するもので、姓名判断の根幹といえます。

字画の数え方

姓名の分け方

姓名の画数の数え方については、流派によってさまざまですが、本書では、あくまでも普段使う書き方・字体による画数とします。

自分の姓名を書く際は、戸籍に登録されている漢字を普段も同じように使うことが一般的ですが、たとえば「澤」を略して「沢」と書くように、中には略字や旧漢字を使う人もいます。そうした場合、戸籍上の漢字をつねに使っていないのであれば、それは、その人の運命を表しているとはいえないでしょう。姓名学においては、普段書いている名前が運気を左右すると考えられているのです。

繰り返し記号について

普段使われている漢字の「佐々木」「野々村」「奈々」などのように、同じ漢字が続く姓や名前があります。こうした場合、繰り返し記号の「々」は、元の文字に直して数えます。「佐々木」なら「佐佐木」、「野々村」は「野野村」、「奈々」は「奈奈」として数えましょう。同じように「みすゞ」など、「ゞ」の繰り返し記号を使った名前もあります。この場合も元の文字に直し「みすず」として数えます。

姓名を正しく読み解くには一文字一文字の画数が重要で、一画でも数え間違うと運勢がまったく違ってしまいますから注意してください。

数字の数え方

姓名に使われる数字、つまり一から十の漢数字の数え方も流派によって異なります。数字の画数ではなく、そのままの数字を画数とする考え方もありますが、本書では漢字として読み、そのまま画数として数えます。

「一」「二」「三」は、どちらの数え方でも、それぞれ「一」は1画、「二」は2画、「三」は3画となりますから問題ありません。しかし、それ以外の数字は画数が違ってきます。

たとえば「四」は、数字を画数とした場合には4画ですが、本書のように漢字として数えると5画になります。同様に、「五」と「六」は4画、「七」「八」「九」「十」は2画として数えます。また、「百」「千」「万」などの画数も一般の漢字として数え、「百」は6画、「千」と「万」は3画となります。

下に数字の画数表を載せていますので、これをもとに画数を確認してください。

《数字の数え方》

一	1画
二	2画
三	3画
四	5画
五	4画
六	4画
七	2画
八	2画
九	2画
十	2画
百	6画
千	3画
万	3画
（萬	12画）

部首の数え方

部首の数え方も、流派によってさまざまです。たとえば「さんずい」（氵）の場合、もとの文字が「水」だから4画とする考え方もありますが、本書では、部首の画数についても普段書いている字体によって数えます。したがって「さんずい」は3画になります。

同様の考え方から、「こざとへん」（阝）のもとの文字は「阜」で8画、「おおざと」（阝）のもとの文字は「邑」で7画ですが、どちらも3画として数えます。

その他、例をあげると、「りっしんべん」（忄）や「てへん」（扌）などは3画、「つきへん・にくづき」（月）、「しめすへん」（ネ）などは4画、「ころもへん」（衤）などは5画になります。

下に代表的な部首の数え方を載せました。数え間違いやすい漢字がありますので、これを参考に、必ず調べて正しい画数を出しましょう。

《部首の数え方》

氵（さんずい）……3画
忄（りっしんべん）……3画
扌（てへん）……3画
犭（けものへん）……3画
阝（こざとへん）……3画
阝（おおざと）……3画
片（かたへん）……4画
ネ（しめすへん）……4画
衤（ころもへん）……5画
月（つきへん・にくづき）……4画
艹（くさかんむり）……3画
辶（しんにゅう）……3画
（⻌）（4画）

ひらがなとカタカナの数え方

　最近は、ひらがなの名前やカタカナ文字を使った名前が多くなっています。ひらがなもカタカナも、そのまま画数を数える考え方がありますが、本書では、ひらがなは、そのまま画数をとらず、一旦カタカナに直して画数を調べます。

　たとえば、名前がひらがなで「まゆみ」の場合は、「マユミ」とカタカナにして画数を数えます。「まゆみ」は4画・3画・3画で合計10画ですが、「マユミ」に直すと2画・2画・3画で合計7画になります。名前の画数の合計は「地位数」で、姓名を構成する基礎ですから、画数が違っては運勢を正しく判断することができません。

　また「ダイキ」「メグミ」など濁音の入る名前の場合、「゛」は2画として数えます。

　なお、音引きの「ー」は1画として数えます。「パ・ピ・プ・ペ・ポ」など半濁音の「゜」も1画と数えてください。

《カタカナの数え方》

ア2	イ2	ウ3	エ3	オ3
カ2	キ3	ク2	ケ3	コ2
サ3	シ3	ス2	セ2	ソ2
タ3	チ3	ツ3	テ3	ト2
ナ2	ニ2	ヌ2	ネ4	ノ1
ハ2	ヒ2	フ1	ヘ1	ホ4
マ2	ミ3	ム2	メ2	モ3
ヤ2		ユ2		ヨ3
ラ2	リ2	ル2	レ1	ロ3
ワ2				ン2

ガ4	ギ5	グ4	ゲ5	ゴ4
ザ5	ジ5	ズ4	ゼ4	ゾ4
ダ5	ヂ5	ヅ5	デ5	ド4
バ4	ビ4	ブ3	ベ3	ボ6
パ3	ピ3	プ2	ペ2	ポ5

吉名・凶名の例

姓名判断をする場合、画数もさることながら、読み下しの意味や音波にも気をつける必要があります。姓名は、目に見える文字の集合体であるとともに、耳から入る言語の音とする〝呼び名〟でもあり、音にも運命が宿ると考えられるからです。

ただ、先祖から代々受け継いだ姓の画数に吉凶はなく、最初にあげた五大原則の配置がきちんと守られていれば問題ありません。

では、吉名と凶名それぞれの例をあげて説明しましょう。まず右側は「石川和男」で、これは吉名の例です。総位数が23画で吉、陰陽配置は調和、五行配置も吉の吉名です。姓の「石川」は〝石の多い川〟、名前の「和男」は〝和やかな男子〟で、姓と名も調和しています。

一方、左側の「下野宗治」は、総位数は30画の中吉、五行の配置も吉ですが、人位数は19画で重苦・困難を表す大凶、地位数は16画で孤独・責任を表す吉凶半々、陰陽の配置も凶でまさに凶名です。しかも、読み下しは「むねはる」ですが、「しものそうじ」とも読み下せます。つまり「下の掃除」となります。これでは本人も自分の姓名を言いにくく、また周りの人も呼びかけにくい姓名で、凶名というほかありません。このように、名前は一文字一文字に魂や意味が込められ、その音韻を含むことによって吉凶に大きな影響を与え、さらに人間の生涯や運命を決定していくと思ってよいでしょう。

【吉名の例】

石	5	○	金	（先祖伝来）天位数8
川	3	○	金	（接続）人位数11
和	8	●	土	（名前）地位数15
男	7	○	火	

総画運数＝23画　吉
人位画数＝大吉（進歩）
地位画数＝大吉（福徳）
陰陽配置＝○○●○　調和
姓名意義＝石の多い川・和やかな男子
五行配置＝金金土火　吉

【凶名の例】

下	3	○	木	（先祖伝来）天位数14
野	11	○	土	（接続）人位数19
宗	8	●	金	（名前）地位数16
治	8	●	金	

総画運数＝30画　中吉
人位画数＝大凶（重苦・困難）
地位画数＝吉凶半々（孤独・責任）
陰陽配置＝○○●●　凶
読み下し＝しものそうじ
音波　　（下の掃除）
五行配置＝木土金金　吉

姓名意義について

名前の音韻や意義は、その人の性格に強い影響を与えます。とくに命名のときは、文字も大切ですが、親から受け継ぐ姓の意味と意義を主体に考慮しなければなりません。

先祖伝来の姓は容易に改めることはできませんから、姓に調和する名を考えることが命名にも改名にも大切になります。それが「読み下し」ということになるのです。

たとえば、「小川」という姓は、〝小さい川〟という意味ではなく〝せせらぎの聞こえるひっそりとした川〟あるいは〝浅くて細い川〟という意味に考えます。ですから「小川和男」と命名すると、名前の文字から〝柔和で和やかな男子〟という意味になって、〝渓谷の渓流のうちにも水面は和やかな川を保つ男〟という穏和な姓名となります。すなわち、その道の専門家やプロで名声を博し、あるいは競争社会に巻き込まれることなく堅実に歩むことを好み、自らの才能を発揮する人格ある姓名となるのです。

命名や改名にあたっては、このように姓と名が調和されていることが重要になります。読み下しは、姓が強ければ名は穏和に、姓が柔和なら名は強くします。また、姓と関連ある意味や良縁を呼び寄せるような縁起ある文字を選ぶほうが無難です。姓の意味と名前の意義がまったく連動しなかったり、交錯して別々のものが集まった派手なシャレた漢字の名前では、凶名となりやすいので注意が必要です。

第二章

陰陽の配置

陰陽とは？

陰陽とは、簡単にいえば電気のプラス（＋）とマイナス（－）のようなものといえるでしょう。言いかえれば太陽と月、火と水、男と女、白と黒、季節にたとえれば夏と冬、一日では昼と夜のように対照の関係を指します。

では、姓名学では、どのような対照を陰陽というのでしょうか。それは奇数と偶数です。

姓名学では、姓名を構成する一字一字の文字の画数を調べ、偶数と奇数に分けます。そして画数の奇数を「陽」として○印（白丸）の記号で表します。また、偶数を「陰」として●印（黒丸）の記号で表しています。これが姓名学における陰陽で、姓名に陰●と陽○の記号を適宜に付けることを陰陽配置といいます。この陰陽の配置は、姓名構成の五大原則の一つであり、姓名の良否を決定する重要な要素になります。

陰陽は画数の奇数・偶数によって1画＝○、2画＝●、3画＝○、4画＝●、5画＝○というように表示します。たとえば姓が「徳川」で画数が「14画・3画」の場合は「●○」、名が「家康」で画数が「10画・11画」の場合は「●○」と陰陽を配置するわけです。

これをもとにして陰陽の吉凶を見ますが、正しく陰陽（●○―●○）が調和していれば吉相、陰陽の調和のない陰陰（●●）や陽陽（○○）は凶相とされます。

ただし姓名学は、単に姓だけ、名だけの陰陽を対象にするものではなく、姓と名の全体を構成している姓名の陰陽を対象として陰陽配置の吉凶を判断しなければなりません。

おおまかにいうと、陰と陽が交互に組み合わされていれば吉で、姓と名の接続や名前の字画が陰陽で並んでいることを吉相としています。

例を示すと、姓名三字の○○—●、姓名四字の○●—○●、●○—●○などの場合は吉相になります。○○—●○も吉相で、これは姓が陽陽○○でも名が陰陽●○ですから吉になるわけです。

一方、●○○●や○●●●○のように、中に陰なり陽なりが二つ以上はさまる場合は凶相です。この白黒が逆になっても凶相であることは変わりません。姓でも名でもあわせて、白でも黒でも、二つ以上はさんでいては凶となるわけです。

また姓が●○で、名が●●●のように、陰陽どちらかに片寄っている姓名も凶相になります。この陰と陽が反対になっても同じです。

《陰陽の例》

徳	14	偶数	●
川	3	奇数	○
家	10	偶数	●
康	11	奇数	○

織	18	偶数	●
田	5	奇数	○
信	9	奇数	○
長	8	偶数	●

池	6	偶数	●
田	5	奇数	○
勇	9	奇数	○
人	2	偶数	●

佐	7	奇数	○
藤	18	偶数	●
榮	14	偶数	●
作	7	奇数	○

陰陽配置の吉凶例

吉凶判断の方法

姓名の配置が吉相か、あるいは凶相であるかは、陰陽の調和をもとに判断します。調和していれば吉相、不調和の場合は凶相となります。大凶相とされる陰陽配置の第一は、すべての文字が●●や○○○など、陰か陽のどちらかに片寄っている配置です。

特に注意して見て頂きたいのは、姓と名の組み合わせの「人位数」です。この人位数の陰陽のバランスが調和していることが、全体の陰陽バランスにとっても重要となるからです。また、女性の場合は、結婚して姓が変わることを考え、名の陰陽バランスも考慮することが必要となります。

【二字の場合】

◎凶相

（例）孫 ●10　文 ●4

（その他の凶相）○—○

◎吉相

（例）森 ●12　清 ○11

（その他の吉相）○—●

【三字（姓が一字）の場合】

◎凶相

（例）

● 12 森
● 8 明
○ 7 男

（その他の凶相）

●—●●
○—○○
○—○●

◎吉相

（例）

○ 7 谷
● 8 芽
● 6 衣

（その他の吉相）

●—○●
○—●○
●—○○

【三字（姓が二字）の場合】

◎凶相

（例）

○ 5 石
● 4 中
● 4 仁

（その他の凶相）

●●—●
○○—○
●○—○

◎吉相

（例）

○ 11 菊
● 6 池
○ 13 寛

（その他の吉相）

●●—○
○○—●
●○—●

【四字（姓が一字）の場合】

◎凶相

（例）

○ 9 南
○ 7 亜
● 8 果
● 10 莉

（その他の凶相）

●—●●●
●—●●○
●—●○●

●—●○○
○—○●○
○—○○●

○—○○○
○—●●●
○—●●○

●—○○●
●—○○○

◎吉相

（例）

○ 7 谷
● 8 幸
○ 5 四
● 10 朗

（その他の吉相）

●—○●●
●—○●○
○—●○○

【四字（姓が二字）の場合】

◎凶相

（例）

● 6 伊
● 18 藤
● 12 智
● 4 文

（その他の凶相）

●●—○○
●○—○●
○●—●○

○○—○○
○○—●●
○○—○●

●●—●○
○●—●●
●○—○○

◎吉相

（例）

○ 3 山
○ 5 本
● 14 彰
○ 9 彦

（その他の吉相）

●●—○●
●○—●○
○●—○●

●○—●●
○●—○○

【四字（姓が三字）の場合】

◎凶相

（例）

五 4 ●
十 2 ●
嵐 12 ●
力 2 ●

（その他の凶相）

○○○—○　○○●—●　○●○—○
●○○—○　●○○—●　○●●—○
○●●—●　●●○—○　●○●—●

◎吉相

（例）

大 3 ○
和 8 ●
田 5 ○
文 4 ●

（その他の吉相）

○○○—●　○○●—○　●●○—●
●○●—○　●●●—○

【五字の場合】

◎凶相

（例）

森 12 ●
本 5 ○

美 9 ○
佐 7 ○
子 3 ○

（その他の凶相）

○○—○○○　●●—●●●　○●—●●○
●○—○○●　○○—○○●　●●—●●○
○○—●●●　●●—○○○　○●—●●●
○○—○●○　●●—●○●

◎吉相

（例）

岩 8 ●
本 5 ○

幸 8 ●
史 5 ○
朗 10 ●

（その他の吉相）

○●—○●●　●○—●○○　○○—●○●
●●—○●○　○●—○●○

【六字の場合】

◎凶相

（例）

○ 3 久
○ 9 保
● 4 井
● 6 江
○ 9 美
○ 3 子

（その他の凶相）

○○○—○○○
●●●—○○○
○○●—●○○

●●●—●●●
○○○—●●●
●●○—○●●

※右の例は凶相の凡例となりますが、これら以外にも、姓と名のつながり（人位）が○—○や●—●など調和していない場合や、○○○や●●●など陰陽に片寄った場合、○●●●○など二つ以上、陰なり陽なりがはさんでいる場合は凶相となります。

◎吉相

（例）

○ 3 大
● 4 仁
○ 5 田
● 10 竜
○ 3 之
● 4 介

（その他の吉相）

●○●—○●○
○○●—○●○
○●○—●○○

●●○—●○●
●○●—○●●
●●○—●○○

※右の例は吉相の凡例となりますが、これら以外にも、姓と名のつながり（人位）が○—●や●—○など調和している場合や、上記の凶相に当てはまらない場合は吉相となります。

第三章
天地の配置

天地の配置とは？

天とは姓の頭文字、地とは名の頭文字のことです。姓も名も一字の場合は、その一字ずつが天、そして地となります。

この天と地の画数の関係を「天地の配置」といいます。天の画数が多く地の画数が少ない「天大・地小」の関係が吉相となります。また、天と地ともに吉画数で、天地の総合画数が吉数の場合も良いとされています。

逆に、天より地の画数のほうが1画でも多いと凶相となります。同数の場合は「天地衝突」といって大凶相ですから注意しましょう。

ただし、天の画数は10画を零画（ゼロ）として1から9までの画数で吉凶を定めるものとします。

《天・地・人の三部位》

文字	画数		
徳	14	天位数 17	
川	3	人位数 13	外位数 25
家	10	地位数 21	
康	11		

…総位数 38

姓の画数に対する名の吉数

命名や改名の際、もっとも基本的に大切なことは、姓の画数に対して名の画数をどのようにもってくれば吉数になるか、ということです。先祖代々受け継いでいる姓を変えることはできませんから、名の画数が姓の画数に対して吉数で、姓名の合数である総位数も吉数となるような数を選ばなければなりません。

この名の画数が決定すれば、一字名も二字名も、また三字名にも配分することができます。一字名には数の少ない吉数を、二字名、三字名には、それに適当な数の多い吉数を選ぶことができるわけです。

さらに、奇数・偶数にもとづく陰陽の配置も吉相になるように考えられます。

では、例をあげて姓の画数に対する名の画数の選び方を説明しましょう。

たとえば、二字姓で15画と3画の場合、姓の画数は18画になり、陰陽配置は○○になります。これに対して名の画数に吉数の21画を選んだとすると、18画と21画を足した総位数が39画で、これも吉数になります。二字名にする場合、10画と11画で21画になる名前が考えられますが、上から11画・10画とすると陰陽配置は○○○●で凶相になってしまいます。したがって上を10画、下を11画にして、○○●○の吉相にしなければなりません。このように名の画数と姓名の合数が吉数で、陰陽配置も吉相になるように命名することが大切です。

吉名数一覧表

姓名学では、姓の画数に対する名の画数で総位数を決定します。そのため、吉名数を選ぶことが重要であることを説明しました。では、どのような数が吉数となるのか紹介しましょう。

一つの姓の画数に対して、吉数となる名の画数は複数あります。これは名前の字数に関係なく、それぞれの字の画数を合計した数です。

たとえば、姓が15画に対して、吉名となる画数は8あり、3画・6画・8画・18画・23画・24画・33画・37画になります。このように、各姓の画数に対して名の吉数は決まっているのです。ですから、姓名の合数の総位数も吉数となる吉名数を選び、陰陽配置なども考慮して、名前の文字数に合わせて適した数を配分しなければなりません。

つぎに各姓の画数に対する名前の吉数を載せています。これを参考にして、吉相となる名の画数を選んでください。

姓3画	姓4画	姓5画	姓6画	姓7画
5	1	1	1	1
8	3	3	5	6
15	7	6	7	8
18	11	8	11	11
21	13	13	15	24
30	17	18	17	30
35	25	24	18	31
38	29	30	23	38
45	31	33	25	40
	33	40	29	41
	35	47	31	45
	37		33	
	41		35	
			39	
			41	

姓 12 画		姓 11 画	姓 10 画		姓 9 画	姓 8 画	
33	1	6	25	1	6	29	3
35	3	7	29	3	8	30	5
40	5	13	31	7	15	31	7
	11	18	35	8	24	33	13
	17	24	37	11	30	37	15
	23	30	38	13	38	39	21
	25	37		21	48	40	23
	29	47		23	52		25

姓 17 画		姓 16 画		姓 15 画	姓 14 画		姓 13 画	
40	1	25	1	3	33	1	48	5
	6	29	5	6	38	3		8
	18	30	7	8		15		11
	21	31	13	18		17		18
	24	37	15	23		21		24
	30	41	17	24		23		25
	31		21	33		25		35
	35		23	37		31		39

姓
18
画

23　3
29　5
30　6
39　11
13
15
17
21

姓
19
画

5
18
28
33
38

姓
20
画

25　1
37　3
41　11
13
15
17
18
21

姓
21
画

3
8
17
18
24
40
47

姓
22
画

35　1
7
13
15
17
23
25
30

姓
23
画

38　1
6
8
15
18
24
25
29

姓
24
画

33　5
37　7
39　11
13
15
17
21
23

姓
25
画

6
8
13
23
38
40
48

姓
26
画

37　3
39　5
41　7
11
15
21
31
35

姓
27
画

40　6
8
11
18
21
25
30
38

姓 28 画

29　1
33　3
35　5
37　7
39　11
13
17
24

姓 29 画

6
8
18
23
38

姓 30 画

31　1
33　3
35　5
37　7
8
11
17
18

姓 31 画

6
7
8
17
30
37

姓 32 画

29　1
31　3
33　5
35　6
41　7
13
15
25

姓 33 画

5
6
8
15
24
30
35
40

姓 34 画

29　1
31　3
33　5
39　7
11
13
18
23

姓 35 画

3
6
13
17
30
33
38
40

姓 36 画

37　1
39　3
5
11
21
25
29
31

姓 37 画

1
8
11
15
24
30
31
38

姓 38 画

1
3
7
23
25
29
30
35
37

姓 39 画

6
8
13
18
24

姓 40 画

1
5
7
8
17
21
23
25
33

姓 41 画

6
7
16
24
40

第四章

五気の配置

五気の配置とは？

「五気」とは五行のことで、「木・火・土・金・水」の五つの気をいいます。木・火・土・金・水と聞くと、ただ単に「木」だとか「土」とかいう有形の物質を想像しがちですが、姓名学においては五気（五行）は一般に考えるような有形的なものではありません。それぞれが有する、目には見えない〝性〟、つまり性質や働きを表しているのです。

古来、中国では「五行とは木火土金水なり、行とは陰陽の気をめぐらすなり」といわれました。また「五行は天地万物生成の元気なり」ともいわれて、この五つの気が宇宙間に満ちていて、事にあたり物に触れて活動しているとされています。

では、この五行（五気）は姓名学上、どのような意義を指しているのでしょう。

人間の姓名は、音声に出して呼ぶところに深い意義があるわけです。たとえば、離れ孤島や人里離れた山でたった一人で生活しているようであれば、誰かに姓名を呼ばれることはもちろん、何々と名乗る必要もありません。しかし、二人以上の人間が同じ場所で生活するとすれば、当然そこには姓名を呼び合う必要が生じてきます。

つまり、姓名とは相手を呼ぶにあたっての口から発声する語であるといえます。この発声音は、舌を多く動かさなければならない音声や喉を動かす音声、唇を動かす音声など、いろいろな動かし方によって異なった発音声で構成されます。この各種の音声に五気（五行）を配合します。

特に、名前の音韻（リズム）は、毎日呼ばれるため性格に強い影響を及ぼします。それは母親の胎内にいる時でも、声かけや癒しの音楽が胎児の成長に大変良い影響を及ぼすとして証明されていることからも明らかです。また、幼児のころから呼ばれ、聞き慣れる名前や愛称は、その子供の性格や人格形成に大きな役割を果たすものと考えられます。

姓名学では、他人が自分の姓名を呼び、また自分が自身の姓名を名乗る場合、その姓名を構成している文字は、それぞれ五気（五行）の〝性〟を有していると考えます。その〝性〟にもとづく配合によって、性質はもちろん、そのほか有形無形の作用を見ることができます。

そこで、文字が有する五気（五行）の〝性〟を知るために、文字の第一の発声にもとづいた選別をしなければなりません。

ここで注意することは、漢字には音読み（字音）と訓読みがあることです。「音」とは昔、中国から教え伝えられた、そのままの文字の発音をいい、「訓」は、その文字を日本の言語で言いあらわした語をいいます。たとえば「山」の文字の場合、「サン」は音読みで、「ヤマ」は訓読みとなります。五気（五行）の〝性〟を知るためには、文字はこの「音」によって判別しなければなりません。

したがって、姓名学上の音がその人の運命に影響するということは、「音」そのものの波動によるものであって、文学の意義や意味ではないということです。さらに、古くから音には霊や魂が宿るとされ、その働きは音色そのものより生じてくるイメージや聴覚より意識上に反映する音の色彩もあります。これらを全て考慮した上で判断しなければなりません。

つぎに、五十音にもとづく「五気の性」の判別法を紹介しましょう。

五十音による五気の判別の仕方

日本語の五十音に、その発音そのままの音色をもって五気を配置します。下記のように、発声の特徴によって喉音・牙音・歯音・舌音・唇音の五音があり、喉音は土性、牙音は木性、歯音は金性、舌音は火性、唇音は水性が配当されています。また、五気の力の強弱は初音が最も重く、その音色の軽重や力の消長は末音がカギとなります。

たとえば、音読みがあ行の「阿・安・伊・一」などは、喉から出る自然の音の「喉音」で、すべて土性となります。また「我・義・銀・原」のようにか行の濁音の場合は、か行として木性と見ます。音読みが二つ以上ある場合は、濁音よりも平音（濁音でない読み）を優先し、平音が二つ以上ある場合は、常読（常用の読み方）を優先します。

このように、姓名ともに漢字を音読みし、この五十音にあわせて五気（五行）を配置してから、五気配合の吉凶や性格を判断します。

《五音の種類》

【喉音（こうおん）】

喉から出る音でもっとも穏やか。五音の母体で、中央の土性に配当されています。

【牙音（がおん）】

勢い強く生気があることから、東方、春の木性に配当されています。

【歯音（しおん）】

勢い弱く悲愁を呼びそうなため西方、秋の金性に配当されています。

【舌音（ぜつおん）】

性急に音を立て火が燃えるようなので、南方、夏の火性に配当されています。

【唇音（しんおん）】

軽い音で、手応えのない軟弱な音声なので、北方、冬の水性に配当されています。

あ行［あいうえお］

喉音　土性

（例）阿（あ）、安（あん）、伊（い）、一（いち）、雲（うん）、英（えい）、悦（えつ）、往（おう）、央（おう）、桜（おう）など

か行［かきくけこ　がぎぐげご］

牙音　木性

（例）加（か）、海（かい）、角（かく）、基（き）、吉（きち）、君（くん）、公（こう）、我（が）、銀（ぎん）、悟（ご）など

さ行［さしすせそ　ざじずぜぞ］

歯音　金性

（例）作（さ）、才（さい）、伸（しん）、仙（せん）、宗（そう）、座（ざ）、字（じ）、図（ず）、善（ぜん）、増（ぞう）など

た行［たちつてと　だぢづでど］

舌音　火性

（例）多（た）、丹（たん）、達（たつ）、長（ちょう）、通（つう）、都（と）、登（とう）、徳（とく）、打（だ）など

な行［なにぬねの］

舌音　火性

（例）捺（なつ）、南（なん）、日（にち）、乳（にゅう）、任（にん）、忍（にん）、年（ねん）、能（のう）、農（のう）など

は行［はひふへほ　ばびぶべぼ］

唇音　水性

（例）波（は）、半（はん）、比（ひ）、布（ふ）、平（へい）、方（ほう）、豊（ほう）、尾（び）、部（ぶ）など

ま行［まみむめも］

唇音　水性

（例）毎（まい）、万（まん）、未（み）、民（みん）、明（めい）、名（めい）、茂（も）、木（もく）など

や行［や　ゆ　よ］

喉音　土性

（例）也（や）、由（ゆ）、勇（ゆう）、雄（ゆう）、与（よ）、予（よ）、洋（よう）、陽（よう）、用（よう）など

ら行［らりるれろ］

舌音　火性

（例）乱（らん）、理（り）、利（り）、良（りょう）、輪（りん）、林（りん）、累（るい）、礼（れい）、朗（ろう）など

わ行［わゐゑを］

喉音　土性

（例）和（わ）、倭（わ）、話（わ）、隈（わい）、湾（わん）など

《五気の配置》

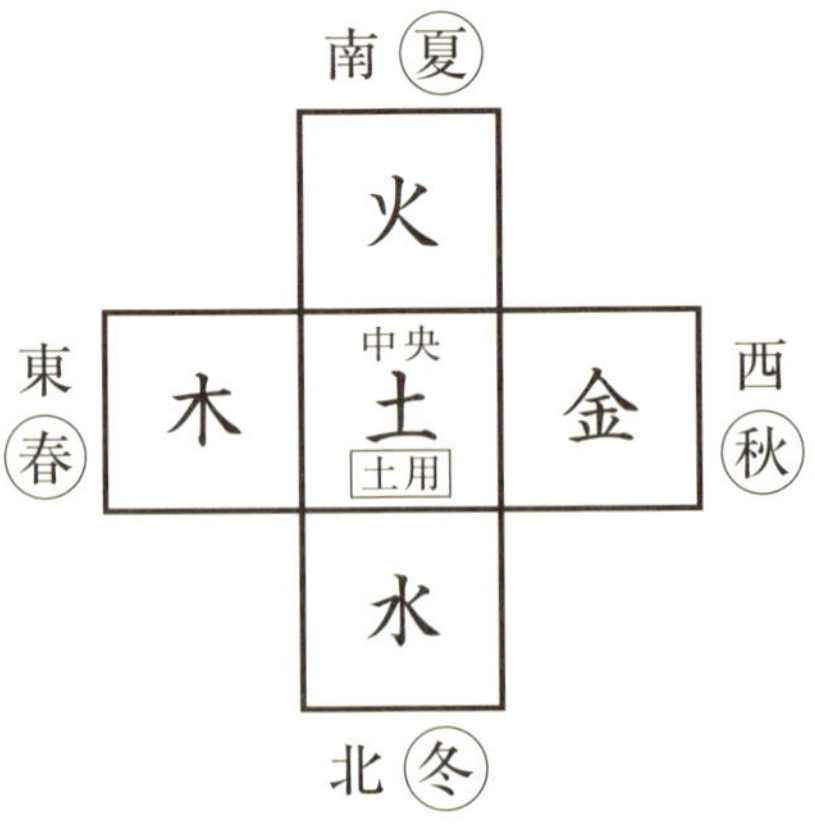

【五気の配置の例】

（例1）

	音	姓名	五気（五行）
タ行	とく	徳	火
サ行	せん	川	金
カ行	か	家	木
カ行	こう	康	木

（例2）

	音	姓名	五気（五行）
サ行	しょく	織	金
タ行	でん	田	火
サ行	しん	信	金
タ行	ちょう	長	火

（例3）

	音	姓名	五気（五行）
ハ行	ほう	豊	水
サ行	しん	臣	金
サ行	しゅう	秀	金
カ行	きち	吉	木

（例4）

	音	姓名	五気（五行）
マ行	めい	明	水
タ行	ち	智	火
カ行	こう	光	木
サ行	しゅう	秀	金

姓名学における五行とは？

気学や九星学における五行の組み合わせは、相生のみを吉として判断し、相剋を凶とするのが普通ですが、姓名学においてはバランスよく片寄らないことを最も重要とするので、五行の相生・相剋に関係なく、五行が上手に揃うことが理想とされています。例えば、木火、水金、土火木、火木水というように配置を考えるのです。

五行は「陰陽の気を巡らす」とされ陰陽学と共に重要な法則性を持っています。そして、このような原理にもとづく五気配合が、姓名を通して人心におよぼし、その影響が性格に、また運命に大きく関係するわけです。よく、姓名は〝かまど〟に例えられます。木・火・土・金・水の五気（五行）が全部そろっている〝かまど〟は生活の根源です。生活の根源は生命（姓名）の元でもあることから、このように、姓名にも多種の五気がバランスよく配当されているのが良いとされているのです。

《五気とかまどの関係》

木を燃やして火を焚き、土のかまどの上に金属で出来た鍋や釜をかけ煮炊きをする姿。人間の生活感の基本を表しています。

相生相剋について

木・火・土・金・水の五気（五行）の運行によって、それぞれの働きを助ける作用を「相生」といいます。木は火を生じ（木生火）、火は土を生じ（火生土）、土は金を生じ（土生金）、金は水を生じ（金生水）、水は木を生じます（水生木）。

一方、五気（五行）が互いに反発して変化を生む作用を「相剋」といいます。「剋する」とは相手に勝つという意味で、相剋とは、木は土に勝ち（木剋土）、土は水に勝ち（土剋水）、水は火に勝ち（水剋火）、火は金に勝ち（火剋金）、金は木に勝つ（金剋木）という関係を表します。

姓名学では前述の通り、相生・相剋をあえて意識することなく、五気の配合や組み合わせのバランスで判断しますが、気学や九星学では、全体の運勢を判断したり、引越しなどの移動の方位を判断したりする場合に、この相生・相剋を用いて吉凶を判断するのです。

《相生と相剋》

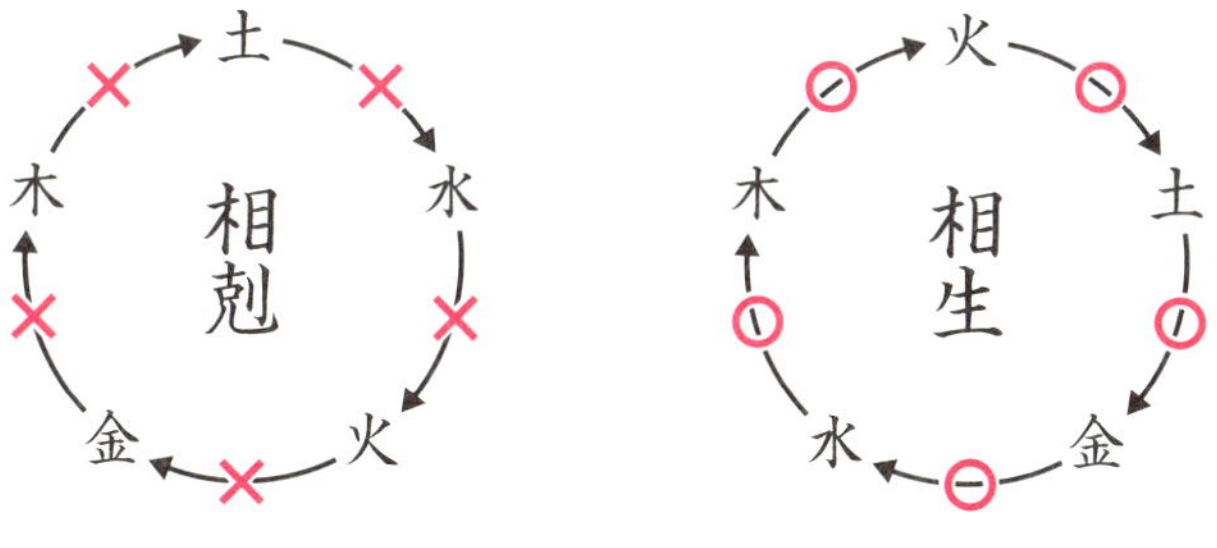

木生火
火生土
土生金
金生水
水生木

木剋土
土剋水
水剋火
火剋金
金剋木

五気それぞれの性質

【木性】木性は春の気で東に位置し、太陽の昇る生のエネルギーによって発育し、活動する力を与えられるところから性質は陽気で朗らか。正直で義侠心に富み、人情に厚い傾向があります。反面、木は震い揺れ動く働きを含み、気が弱く神経質な一面があり、情にもろくて短気、オッチョコチョイなところがあります。

【火性】火性は夏の気で南に位置します。太陽の光の意味を含み、万物を照らし見通しをよくする働きがあります。したがって性質は情熱的で活動的。何事にも熱心で正義感が強い傾向があります。しかし、火は燃え移る性質があるので熱しやすくて冷めやすく、多情多感で移り気なところがあり癇癪《かんしゃく》もちです。

【土性】土性は四季の土用の気で中央に位置します。また、大地や山の土を表し、自然の一切を受け入れ育てる柔順な性質を有します。そのため偏らない性格で温和で従順性に富み、親切です。反面、意志が弱く、迷いやすくて決断力がありません。行動は緩慢でタイミングを外しがちです。

【金性】金性は秋の気で西に位置し、天地自然の恵みを受け、収穫の悦びのひと時の意味。悦な働きがありますが、静粛で理性的。経済的観念に富み、じっくり考えて行動するタイプです。反面、加工された金属を表すところから、冷淡で気が変わりやすく、わがままな一面も。陰気で悲観的な考えを持つ傾向があります。

【水性】水性は冬の気で北に位置し、まったく陽の気を発することが出来ない性質ですが、水は万物をうるおして生育する力があります。「方円の器に従う」ように社交的で才知に富み、研究心が強く努力を惜しみません。反面、外柔内剛型で疑い深く、頑固。人を欺く傾向があり、多情で薄情な一面もあります。

姓名の五気の配合について

五気配合の凶相例

五十音を「木・火・土・金・水」の五気に配分しましたが、その五気配合にも吉相と凶相があります。姓名判断や命名、改名の場合でも、あらゆる運命学の根本をなす五気の配合の凶相を知ることが先決です。

姓名による五気配合の中で、凶相となる配合は大きくわけて「五気一律」「同気大ばさみ」「五気分裂」「五気三、一」「五気一異」の五つになります。また他に、姓の最後と名の最初（人位）の五気配合、名の各文字（地位）の五気配合が凶相となる場合もありますから、この二つも調べなければなりません。

【五気一律】

姓と名の文字が一律、つまり、すべてが同じ五気で構成されている配合は凶相となります。

（例）

木木木	木木木木	木木木木木
火火火	火火火火	火火火火火
土土土	土土土土	土土土土土
金金金	金金金金	金金金金金
水水水	水水水水	水水水水水

【同気大ばさみ】

姓の最初と名の最後が同じ五気、その間が他の同じ五気で構成されている場合は凶相です。

（例）

木火火**木**　**木**火火火**木**　**金**木木**金**　**金**木木木**金**
木土土**木**　**木**土土土**木**　**金**火火**金**　**金**火火火**金**
木金金**木**　**木**金金金**木**　**金**土土**金**　**金**土土土**金**
木水水**木**　**木**水水水**木**　**金**水水**金**　**金**水水水**金**

火木木**火**　**火**木木木**火**　**水**木木**水**　**水**木木木**水**
火土土**火**　**火**土土土**火**　**水**火火**水**　**水**火火火**水**
火金金**火**　**火**金金金**火**　**水**土土**水**　**水**土土土**水**
火水水**火**　**火**水水水**火**　**水**金金**水**　**水**金金金**水**

土木木**土**　**土**木木木**土**
土火火**土**　**土**火火火**土**
土金金**土**　**土**金金金**土**
土水水**土**　**土**水水水**土**

【五気分裂】

姓と名の全体の五気が、大きく二つに分裂して構成されている配合は凶相となります。

（例）

木木火火　木木火火火　金金木木　金金木木木
木木土土　木木土土土　金金火火　金金火火火
木木金金　木木金金金　金金土土　金金土土土
木木水水　木木水水水　金金水水　金金水水水

火火木木　火火木木木　水水木木　水水木木木
火火土土　火火土土土　水水火火　水水火火火
火火金金　火火金金金　水水土土　水水土土土
火火水水　火火水水水　水水金金　水水金金金

土土木木　土土木木木
土土火火　土土火火火
土土金金　土土金金金
土土水水　土土水水水

【五気三、一】

姓名が四字で、五気が三対一、または一対三に分裂して構成されている場合は凶相です。

（例）

火木木木　**土**木木木　**木**金金金　**火**金金金
金木木木　**水**木木木　**土**金金金　**水**金金金
木木木**火**　木木木**土**　金金金**木**　金金金**火**
木木木**金**　木木木**水**　金金金**土**　金金金**水**

木火火火　**土**火火火　**木**水水水　**火**水水水
金火火火　**水**火火火　**土**水水水　**金**水水水
火火火**木**　火火火**土**　水水水**木**　水水水**火**
火火火**金**　火火火**水**　水水水**土**　水水水**金**

木土土土　**火**土土土
金土土土　**水**土土土
土土土**木**　土土土**火**
土土土**金**　土土土**水**

【五気一異】

姓名が五字で、中央の一つだけが他とは異なる五気で構成されている配合は凶相です。

（例）

木木**火**木木　金金**土**金金　火金**土**金火
木木**土**木木　金金**水**金金　金水**土**水金
木木**金**木木　水水**木**水水　木火**金**火木
木木**水**木木　水水**火**水水　火土**金**土火
火火**木**火火　水水**土**水水　土水**金**水土
火火**土**火火　水水**金**水水　木火**水**火木
火火**金**火火　火土**水**土火
火火**水**火火　火土**木**土火　土金**水**金土
土土**木**土土　土金**木**金土　など
土土**火**土土　金水**木**水金
土土**金**土土　木土**火**土木
土土**水**土土　土金**火**金土
金金**木**金金　金水**火**水金
金金**火**金金　木火**土**火木

【人位や地位が水火・水金・土水】

もともと「姓名学」の根源は「易学」に端を発しております。そこから抽出される原理を原則として心理や生理面に相関関係をもたせ、事象や運命の変遷に当てはめて生かすことが目的とされていますので、陰陽五行の組み合わせが万事万物の自然の摂理で構成されていることが重要になるわけです。

このことから、人位あるいは地位が「水火」「水金」「土水」となる五気の組み合わせは凶相となります。

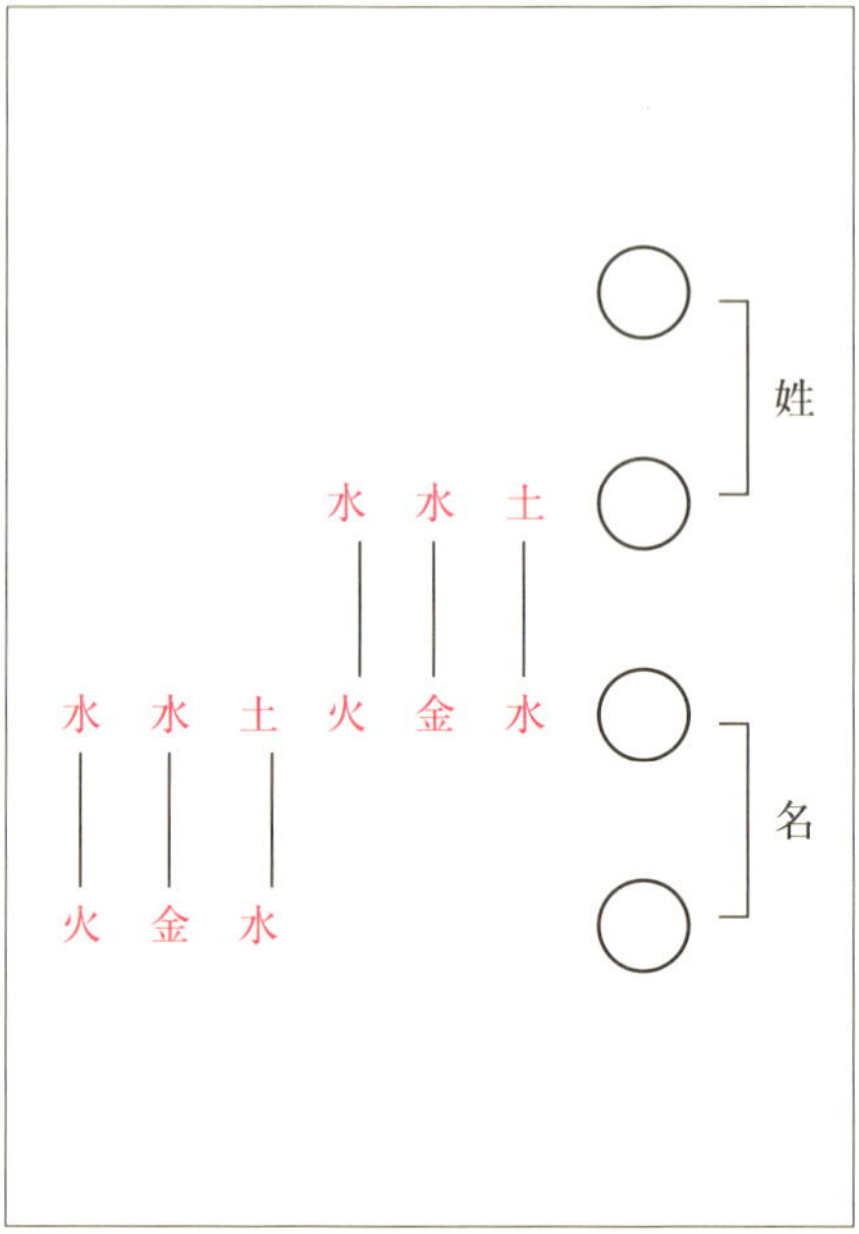

◎水火の関係

(例)

本
多《だ》　タ行　火
文《ぶん》　ハ行　水
子

火は活動と明白さですが、水は冷静と沈着さをその働きの第一としています。極論を言えば、「静」と「動」の関係。火と水は天地の関係、陰陽の極の関係でもあり、表裏の関係になるとも言えるのです。

これらの関係を考えますと、その働きは相生関係になることは難しく、火は水によって勢いを消され、水は火の力によってその素質を根底から損なう関係となります。

性格としては、自尊心が高くて男気も強く、粗暴で冷淡な側面を持ち、男女とも短気で単純性を含んだ性質となりやすいのです。

◎土水の関係

（例）多岐川裕《ゆう》美《み》

ヤ行　ハ行

土　水

土はあらゆる要素を含んでいる万象の根源と言われますが、そこに蟻の一穴のように水が漏れると、たちまちその土手は崩れてしまいます。恵みの雨も一気に降れば、山も畑も押し流すことになります。

これらの関係から、吉相の配合になることは難しく、性格としては、外見は地味でおとなしい雰囲気を持っていても、内面は反抗心が強く意地が強いと考えられます。

また、穏やかで冷静沈着な態度の持ち主に見えて、移り気が早く、疑い深く小心の性質となりやすいのです。

◎水金の関係

（例）新井《せい》美《び》子

サ行　ハ行

金　水

水は「方円の器に従う」ように、火をかければ熱湯になり蒸気として姿がみえなくなったり、冷却すれば氷河にも姿をかえる性質を持っています。

しかしながら、金属に対しては付着する性質はありますが吸収はせず、冷たく冷やし、金性の性質の働きを鈍らせてしまうのです。

豊かな養分やミネラルを吸収できない、この特徴を推察するところから、研究心あっても受け入れられず独断的になったり、頑固になったり、周囲の意見や環境の変化を意識しすぎて心配性の性質になりやすいのです。

五気配合の吉相

吉相となる五気配合にも大吉・小吉・吉があり、それぞれつぎのような配合になります。

【大吉】

木木　木金（金木）　木土（土木）　火金（金火）

【小吉】

火火　土土　水木　金土（土金）

【吉】

木水　木火（火木）　火土（土火）　金金

《五気配合の吉相例》

徳《とく》川《せん》家《か》康《こう》

火　金　木　木

「徳川家康」を「とく・せん・か・こう」と音読みし、これに五気を配置します。た行の「とく」は火、さ行の「せん」は金、か行の「か」「こう」は木で「火金木木」となり、大吉の「金木」と「木木」が配合された吉名となります。

このように、人位・地位の各数の配置において、吉の配合があれば、その部位は吉相という判断となります。

また、天位数については、姓の数なので五気配合についても吉凶を論じることはありません。

五気配合の性質

姓名の五気の配合によって、吉や凶という判断だけでなく、それぞれの性質がわかります。

つぎの配合のうち、「水水」や「土土」が人位や地位に配合されている場合は、運命に変転が起こりがちで、画数や陰陽の配置が悪いと凶化しますから注意してください。

【木木】
多少グチをこぼすところがありますが、理性的で才知があり、明るく朗らかな性格です。

【火火】
困難も苦にせず、何事にも熱心で活動的な性格です。反面、多少冷たいところがあります。

【土土】
落ち着きのある温和な性格です。その一方で、疑い深い性質も持ちあわせています。

【金金】
外見は冷静に見えても内心は非常にプライドが高く、きわめて闘争的な性格といえます。

【水水】
理性的な性格で外見は落ち着いて見えますが、内心は非常に嫉妬深く冷たいところがあります。

【木火】【火木】
理性的ですが短気で多情。非常に疑い深く、女性は、世話好きの性格がより強く表面にでます。

【木土】【土木】
人情に厚く慈悲心があり、温和です。女性の場合は、いっそう良好な性格となります。

【木金】【金木】

活発で実行力が強く、義侠心に富んでいますが、ときにより逆転することがあります。


【木水】【水木】

とても温和な性格であり才知も豊かですが、その反面、活動力に乏しい傾向があります。


【火土】【土火】

周りの人と調和できる角のない温厚な性格ですが、積極性に欠ける性格でもあります。


【火金】【金火】

物事に熱心で活動力もあり、押しも強くて快活ですが、性急で物欲にこだわるところがあります。


【火水】【水火】

強烈な活動力で粗暴な気質があり、女性は男性的に。男女ともに人情に薄く欲深い性格です。


【土金】【金土】

温厚な人柄で気持ちが優しく、人情があります。また大変謙虚なところのある性格です。


【土水】【水土】

外見は冷静で知的に見えるものの、内心では反抗心が強く、また意地の悪いところもあります。


【金水】【水金】

才知にすぐれ、活動力もありますが、何事も気にかけて心配する苦労性の面があります。

五気と人体

五気は、人体とも深いつながりがあります。五気のつかさどる五官と五臓の関係、五気の人体配当を図に表すとつぎのようになります。

《五気と五官と五臓の関係》

五気	五官（部分）	五臓
木性	口（神経）	肝臓
火性	目（血液）	心臓
土性	肌（筋肉）	脾臓
金性	鼻（皮膚）	肺臓
水性	耳（骨格）	腎臓

《五気の人体配当》

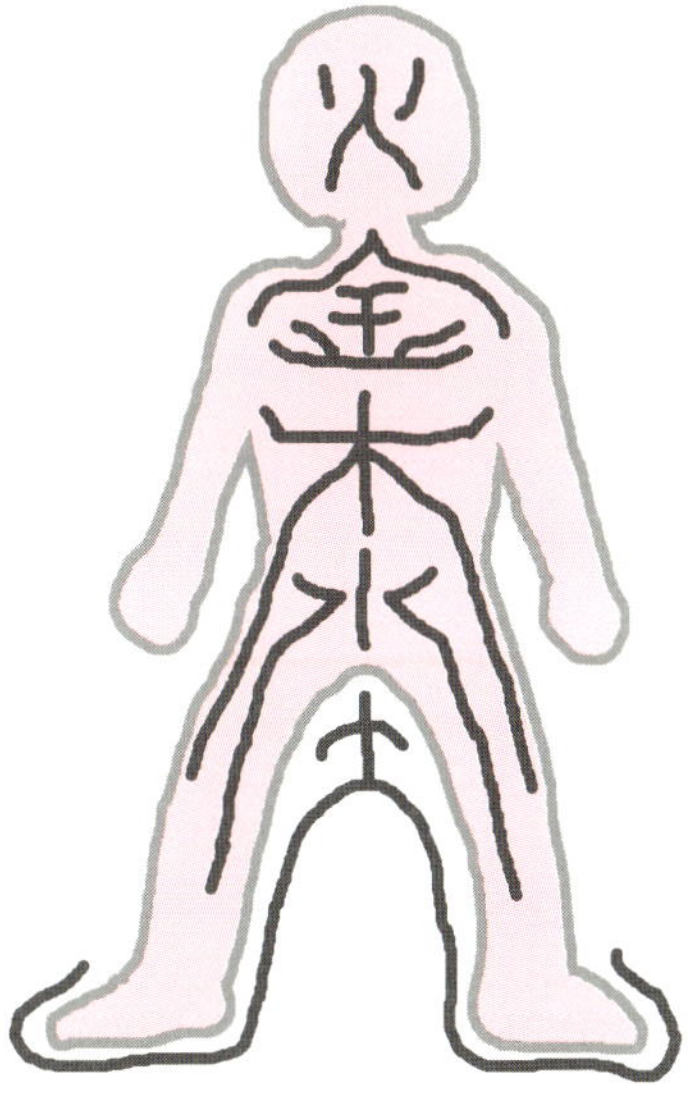

火性は頭部、顔面をつかさどります。
金性は胸部をつかさどります。
木性は腹部をつかさどります。
土性は皮膚をつかさどります。
水性は下腹部をつかさどります。

五気と病根

姓名に配置した五気によって病根、いわゆる病気にかかりやすい根源を見分けることができます。

この方法は、まず名の頭文字の五気を基本にします。つぎに姓名全体に配置された五気を見て、もっとも数の多い五気を基本にして調べます。ただし、もっとも数の多い五気が二種類あるときは、姓のほうより名のほうに多い五気を基本にします。

では、五気と五官・五臓の関係を「木性」を例に説明しましょう。腹部をつかさどる木性は、五官の「口」、五臓のうち「肝臓」に関係し、胃腸病や肝臓病、鼻の病疾の病根となります。

なお、五気によって病根を知り、かかりやすい疾病を推測して、その重軽、深浅を推しはかるときは、必ず陰陽の配置の調和・不調和を調べ、画数の吉凶と対照して判定するよう、心がけてください。また、陰陽で左・右を決定しようとする場合は、陰は右、陽は左に該当します。

《五気と病根の関係》

五気	病根
木性	胃腸病・肝臓病・鼻の病疾
火性	脳溢血・心臓麻痺・神経衰弱 テンカン・眼病
土性	脾臓疾患・胃腸病・皮膚病
金性	呼吸器・肺の疾患・喘息・怪我
水性	耳の病疾・腎臓病・婦人病 酒乱・冷え込み

五気で見る向いている職業・不向きな職業

名前には、その人の性格的な特徴や持って生まれた能力が表れます。したがって、名前に配置した五気を見ることによって、その人に向いている職業や向いていない職業を判別することができます。

五気の「木性」を例にとると、陽気で朗らかな性質があるため、一字名で「木性」の場合をはじめ、二字名以上でこの「木性」を含む「木木」「木火」「木土」「木金」「木水」の場合は、一般にサービス業や社交性を必要とする職業に向いています。反面、技術系や学術系などの職業には向きません。

このように自分の特性や向いている職業を知り、その職業に就くことは、能力を発揮する基盤となります。それが、仕事運や運勢の向上にもつながるのです。逆に、向いていない職業では、いくら努力しても報われない結果になりかねません。

五気から見た適職は、つぎのようになります。

【一字名の場合】

名前が一文字の場合は、その一字がそのまま頭字となります。したがって、頭字に配当された五気が、木性・火性・土性・金性・水性のいずれにあたるかによって、その人に向いている職業、向いていない職業を判別します。

木性

明るく朗らかな性格を発揮できるような社交的な職業が向いています。反対に、肉体労働や勝負事に関連した職業には適しません。

《向いている職業》

サービス業、タレント、外交員、教師、ホテルマン、医師（内科医・小児科医）

火性

突進性と大胆さを発揮する職業に向き、地味な仕事や微細な技術を要する職業には向きません。意外に勝負事に強い傾向があります。

《向いている職業》

土建業、弁護士、政治家、興業家、学者、デザイナー、石材屋、インストラクター

土性

環境への順応性が強いので、社交的な職業が適します。デリケートな神経や技術を要する職業、気骨の必要な大胆な仕事は向きません。

《向いている職業》
外交員、美容師、ホステス、農業、観光業、不動産業、タレント、貿易業

金性

デリケートな神経を発揮して頭脳的に活動する職業に適しています。荒い仕事や肉体労働、および大胆さの必要な職業には向きません。

《向いている職業》
事務員、自由業、会計士、証券マン、教師、調理師、芸術家、音楽家

水性

理知的な冷静さを発揮する性格の職業に適しています。反対に、対人関係の多い社交性の必要な職業には、もっとも向いていません。

《向いている職業》
著述業、ジャーナリスト、医師、宗教関係、薬剤師、出版関係、画家、弁護士

【二字以上の名の場合】

名前が二字以上の場合には、三字名でも四字名であっても、名前の頭文字とつぎの文字の五気（五行）の二つをとって一組の五気配合として用い、これによって、その人に向いている職業、向いていない職業を判別します。

木木

明るい社交性のある性格と能動的な活動力を発揮する職業に適しています。学術研究や会計・経理関係、芸術方面には向きません。

《向いている職業》
サービス業、美容師、観光業、アナウンサー

火火

積極的で行動力を発揮する職業に適しています。事務系や工業技術関係には向きません。自衛官や警察官、消防官はよいでしょう。

《向いている職業》
土建業、海運業、運送業、不動産業

土土

社交性を発揮する職業に適しています。細かい神経を使う頭脳的な仕事には適しませんから、学術や芸術、技術関連は不向きです。

《向いている職業》
ホテルマン、水商売、旅行業、タレント

金金

理知的でデリケートな頭脳を発揮する職業に向き、室内の仕事に適しています。社交的な仕事や屋外に活躍する職業には向きません。

《向いている職業》
医師、会計士、著述業、弁護士

水水

知的な冷静さをもってする仕事に適しています。他から束縛されず自由な立場で活動することを望むので、社交的な仕事は向きません。

《向いている職業》
宗教家、政治家、システムエンジニア、作家

木火

社交性を必要とする仕事に適しています。事務系や技術関連の仕事など、コツコツと地味な作業をつづける職業には向いていません。

《向いている職業》
ホテルマン、セールスマン、タレント、飲食関係

木土

明るく周りの人と和やかに親しめる性格や社交性を発揮する職業に向いています。医師や事務系統、技術方面には向いていません。

《向いている職業》
ホテルマン、観光業、外交官、広告関係

木金

比較的どのような職業にも適応する能力を持っています。重労働的な仕事、荒っぽさや大胆さを必要とする職業には向いていません。

《向いている職業》
セールスマン、医師、美容師、飲食関係

木水

仕事の状況が刻々と変わる仕事に向いています。地味な仕事、事務系などの一つの仕事を単調につづける職業には向いていません。

《向いている職業》
ホテル業、観光業、外交員、セールスマン

火木

旺盛な活動力と大胆な積極性を発揮する職業に適しています。学術研究や作家、技術関係など、頭脳を使う仕事には向いていません。

《向いている職業》
土建業、政治家、貿易業、金融関係

火土

旺盛な活動力と粘り強い根気を発揮するような職業に適しています。事務系や技術関係、学術研究方面の仕事には向いていません。

《向いている職業》
運送業、広告業、貿易業、観光業

火金

比較的どのような職業にも適応する能力を持っています。実行力や知的な分別心を持っているので、向いていない職業はありません。

《向いている職業》
政治家、セールスマン、観光業、技術関係

火水

積極性や実行力が必要な職業が適します。どんな職業にも適応する能力がありますが、同じ仕事を単調に繰り返す職業は向きません。

《向いている職業》
貿易業、飲食関係、政治家、セールスマン

土木

社交性と永続性を活かして活動できる職業に向いています。芸術系や技術関係など細かい神経を使う頭脳的な仕事には向きません。

《向いている職業》
ホテルマン、外交員、観光業、飲食関係

土火

社交的な性格と旺盛な活動力を発揮する職業に向いています。医師などの学術関係の仕事、経理事務系などの職業には向きません。

《向いている職業》
観光業、サービス業、セールスマン、建築関係

土金

特に社交性を必要とする職業に向いています。一般的な仕事全般に対応できる性質ですから、向いていない職業はないといえるでしょう。

《向いている職業》
ホテルマン、飲食関係、水商売、観光業

土水

芸能関係など自分の考えで、自由に選んで努力できる職業に向いています。仕事をこなす能力はあるので、個性を生かせる職業に適しています。

《向いている職業》
デザイナー、芸能関係、水商売、芸術家

金木

知的で明朗な性格が活かせる職業に適していて、頭脳的・技術的な仕事に向いています。肉体労働や荒っぽい仕事には向きません。

《向いている職業》
医師、システムエンジニア、芸能関係、宗教家

金火

知的で実行力が活かせる職業、積極的な性格が発揮できる仕事が向いています。万能タイプなので、向いていない職業はありません。

《向いている職業》
セールスマン、医師、政治家、宗教家

金土

特殊な技術を必要としない事務職などの一般的な職業が向いています。積極性に欠ける面があり、競争の激しい職業には向きません。

《向いている職業》
事務系、飲食店、会計士、公務員

金水

デリケートな神経と冷静な知性を発揮できる職業が向いています。外交方面や社交関係、また肉体労働の仕事には向いていません。

《向いている職業》

医師、システムエンジニア、会計士、作家

水木

理知的でデリケートな神経を発揮できる職業、学術・芸術方面が向いています。社交的な職業や土建関係の仕事には向いていません。

《向いている職業》

デザイナー、システムエンジニア、美容師、作家

水火

自由業など自己の才能を活かせる職業、感性を発揮する芸術方面の仕事が向いています。一定の拘束がある仕事には向いていません。

《向いている職業》

芸術家、音楽家、作家、デザイナー

水土

陽気で社交的な面とデリケートな知性を活かせる職業が向いています。土建業や運送業などの肉体労働の仕事には向いていません。

《向いている職業》

芸能関係、デザイナー、政治家、音楽家

水金

デリケートな神経と冷静な知性を発揮できる職業が向いています。社交性を必要とする仕事や肉体労働の仕事には向いていません。

《向いている職業》

医師、芸術家、音楽家、俳優

運気別で見る五気の組み合わせ

名前の五気の組み合わせを知ることによって、運気別に吉名を判別することもできます。下記のように仕事の成功運、対人運、芸能・芸術方面で活躍する才能運、金運、恋愛運の運気ごとに吉相となる名前があるのです。

たとえば、五気が「金・火」となる組み合わせは、仕事の成功運にも金運にも恵まれる名前、「火・土」の組み合わせは対人運・恋愛運に恵まれる名前です。また「木・金」の組み合わせは、これらの運気すべてに恵まれる大吉相の名前といえます。

命名や改名する際、誰でも「良い名前を」と吉名を望みますが、このように運気から見て吉名にすることもできます。事業の発展や出世を望むときは仕事の成功運や金運に恵まれる組み合わせ、幸せな結婚を願うときは恋愛運に恵まれる組み合わせというように、開運をはかりたい運気にあわせて五気の組み合わせを考え、吉名を選ぶとよいでしょう。

仕事で成功する組み合わせ

「木・木」「木・金」「火・金」「土・木」「金・木」「金・火」

対人運に恵まれる組み合わせ

「木・金」「木・水」「木・土」「木・火」「火・土」「土・金」

芸能・芸術方面で活躍する組み合わせ

「木・金」「木・土」「木・火」「火・火」「火・金」「火・木」

金運に恵まれる組み合わせ

「金・木」「木・金」「金・土」「土・金」「金・火」「火・金」

恋愛運に恵まれる組み合わせ

「木・金」「木・水」「木・土」「火・土」「土・木」「金・土」

五気で見る相性

一人の名前を五行で判断する場合には、五行の相生と相剋に関係なく、バランスで判断しますが、相性を判断する場合には、気学や九星学同様、名前を相互に照らし合わせ、その五気が表す性質にもとづいて、相生と相剋を用いて判断します。

その吉凶判断の方法は、姓の一文字目、名の一文字目をとり、それぞれの五行の相生・相剋で判断します。このとき、お互いの姓名全体で相性を判断しますが、特に名の相性に重きを置いて吉凶を出します。

例えば、姓の一文字目の五行が「木」と「火」（木生火）、名前の一文字目が「木」と「水」（水生木）となれば、それぞれの五行が相生しており、相性が非常によいという判断になります。また、反対に、姓が「木」と「金」（金剋木）、名が「土」と「水」（土剋水）となれば、相剋している五行が多く、凶となります。

《相性判断の方法》

それぞれの姓と名の一文字目の五行の相生・相剋を出し、名に重きを置いて判断します。

(例)

森《しん》 清《せい》

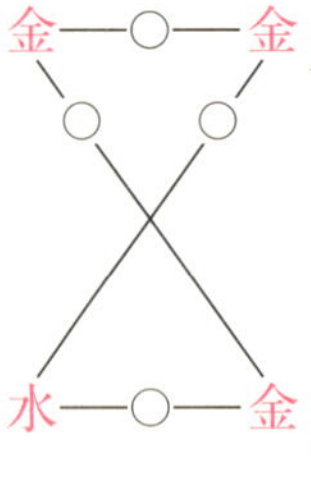

新《しん》井 美《び》子

【大吉の例】

（例1）

作《さ》山洋《よう》

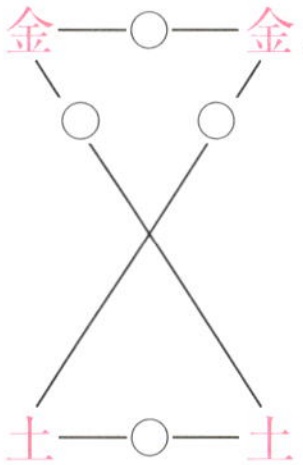

仙《せん》川裕《ゆう》美

（例2）

水《すい》村仙《せん》一郎

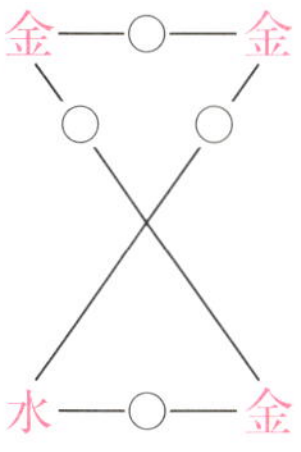

水《すい》村朋《ほう》子

【小吉の例】

（例1）

斉《せい》藤教《きょう》太

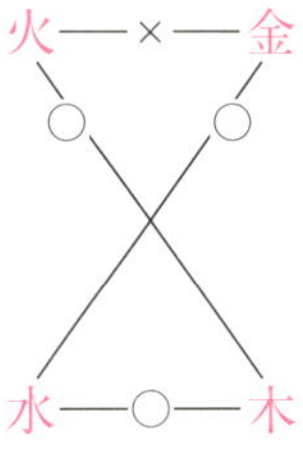

鈴《りん》木芳《ほう》美

（例2）

大《だい》坪陽《よう》平

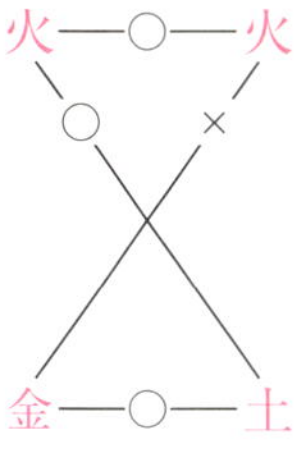

大《だい》坪信《しん》子

【吉の例】

（例1）

太《た》田 秀《しゅう》夫　火—○—木　吉《きち》村 真《しん》理

金—○—金

（×　×）

（例2）

渡《と》辺 民《みん》雄　火—○—火　渡《と》辺 春《しゅん》恵

水—○—金

（×　×）

【凶の例】

（例1）

徳《とく》島 豊《ほう》　火—○—木　久《きゅう》保 南《なん》

水—×—火

（○　○）

（例2）

安《あん》藤 春《しゅん》夫　土—○—土　安《あん》藤 南《なん》

金—×—火

（○　○）

【小凶の例】

（例1）

伊《い》田　達《たつ》夫
森《しん》村　美《び》佐子

土—○—金
火—×—水

（例2）

松《しょう》田　勇《ゆう》
半《はん》村　加《か》世

金—○—水
土—×—木

【大凶の例】

（例1）

山《さん》本　真《しん》二
中《ちゅう》田　朝《ちょう》子

金—×—火
金—×—火

（例2）

和《わ》島　裕《ゆう》次
加《か》藤　君《くん》子

土—×—木
土—×—木

COLUMN

人名以外の名前について

名前は人だけに限りません。「ネーミング」という言葉があるように、会社やお店、施設や建物、商品、ペットなど、今日ではあらゆるものに名前がついています。その名前を耳にしたとき、「なんとなく感じがいい」とか、「暗そうなイメージがする」などと思ったことはありませんか。たとえば、「ビ」は「美」を連想して美的観念に包まれます。それは、社名や店名、商品名などにも運気的な良し悪しを左右する暗示が宿っているためです。そして、こうした名前についても、基本的には人の姓名と同じように吉凶を判断することができます。

たとえば、社名や店名は事業の繁栄や商売繁盛が第一ですから、事業運やその業種にあった名前をつけるのがよいでしょう。覚えやすいことも大切です。

吉凶を調べる際には、「株式会社□□」「□□商店」といった名前の場合、会社の形態や業種を表す公的部分は除いて、「□□」のみを見ます。そして、画数は合計して、総合的な運命を暗示する総位数を参考にします。また、陰陽や五気が表す吉凶は、人名と同様になります。

ペットの場合は、「白い犬だからシロ」などとその姿から名づけたり、物語の主人公と同じ名前にしたりと、自由に好きな名前をつけることがほとんどです。しかし、ペットは家族の一員といえますから、飼い主との相性がよい名前にしたほうがよいでしょう。名前はカタカナにして画数を調べ、それにもとづいて吉凶を見ます。

第五章
字画の持つ命運数について

字画の持つ命運数とは？

姓名の字画が持つ「命運数」とは、数が持つ性格であり、字の画数に対して吉運、凶運の暗示があることです。ただし、偶数・奇数といった数の陰陽によって吉凶を生ずるものではありません。

姓名学における数は、一から五までが「生数」、六から十までが「成数」とされます。一から四までは単数で初生の数、つまり新しく生じた数で、五は「中数」で生数の結果と考えます。そして、この結数の五に初生の一を加えて六となるように、五に四を加えた九までは成数、十は「終結数」で零数（ゼロ）ということになります。

画数の「一」は万象万物の基本数で大吉、「二」は無限に相対して融合することのない迷いの数であり凶運数です。変化の始まりとなる「三」は大吉数、「四」は活動力が分散され物事に支障の起きやすい凶運数となります。「五」は変化発展の大吉運数で、この五に一を加えた「六」は天与の徳を得て運気盛大となります。「七」は二＋五の理法で伸び悩むものの、万難を排して成功する吉運数、「八」は陰ですが三＋五の奇数の組み合わせで成熟開花する大吉運数です。しかし、「九」は基本単数の極数であり、活動旺盛となりますが、「窮」に通じるため不幸の運数。五を二つ合わせた「十」は、発達の力を失うゼロの大凶数となります。このように生成発達の状況が吉凶に分かれる基本となるのです。

八十一数吉凶表

1画　◎　始発中心数

万象万物の基本数で、無から有を生じ、諸事の始めの数とされる大吉運数です。意志を強固にすれば、富貴、繁栄、名誉、幸運を得られます。

2画　×　相対分離数

平行線のように無限に相対して一致融合しない数のため、家庭運悪く内外の平和を欠き、困難辛苦多く、病災、短命を招く凶運数です。

3画　◎　創造変化数

この数は陰陽が結合して最初に変化創造をつかさどる吉運数で、自然の恩恵を受けて名利ともに得られる成功、開運数となります。

4画　×　分散孤独数

分離破産の意を含み、その音は「死」に通じて凶兆を暗示。物事が達成し難く、精神の安定を欠いて不運不幸に遭遇する大凶運数です。

5画　◎　変化発展数

この数は変化の大王とされ陰陽交感の和合数で、天恵の幸運を受けて発達する吉運数です。心身壮健、希望貫徹する幸運数となります。

6画
○ 独立完成数
完全立体を示す数で独立、完成を暗示し、天与の徳を得て運気盛大となり、家運を興す吉運数。仕事を持つ女性に最適な強運数です。

7画
○ 強力前進数
完全独立数といえる強運(強情)数。内外の不和がともなうものの、困難に遭っても意志強固で万難を排して目的完遂する成功数です。

8画
◎ 成熟開花数
知謀才略に優れ、進取の気に富んで成熟開花する大吉運数です。志操堅固にして、多くの人々の期待や信頼を集めて成功を収めます。

9画
▲ 窮極孤独数
基本単数の最終数。父母兄弟妻子の縁に薄く、意外な不遇におちいって困窮する傾向が強く、孤独、病災で短命に終わる大凶運数です。

10画
× 斜陽消滅数
有から無に転じて空となる零数。所有していた物を失う運気で、失敗、倒産、貧困の凶運を示し、運気の空転を重ねる大凶運数です。

11画
◎ 新芽成長数
零数の十から新たに芽を出して発展する進歩的な吉数。廃家を興したり新事業を起こすなど、新機軸を生み出して成功する吉運数です。

12 画
×　家庭複雑数

八方塞がりの問題数。家庭内で争いが生じやすく、親しい人とも縁薄く、アクの強い性格が事件を引き起こす原因となる大凶運数です。

13 画
○　新規発展数

知謀才略に富み忍耐心が強く、どんな困難をも切り抜けて幸運をつかむ吉運数。ただし、姓名の意義や陰陽の配置に注意が必要です。

14 画
▲　孤独寂寞数

家族の縁に薄く、孤独な立場となって浮沈の多い運命に支配されがちな数。創意工夫に富むが労多くて功少なく、困難な凶運数です。

15 画
◎　福徳金運数

吉数の三と五の相乗数で、財運に恵まれ、目上の引き立てを得て立身出世する大吉数。家を興し名声を上げ、金運を得る大吉運数です。

16 画
△　孤独責任数

吉凶半々で、中心的存在となっても、責任を負い忍耐努力が必要で苦労の多い数です。女性は晩婚か職業的に活躍する傾向があります。

17 画
○　剛建突破数

意志強固で、どんな苦難も克服して大志大業を成し遂げる吉数です。ただし、陰陽不調和は強情頑固数になりますから注意が必要です。

18画
○ 独断専行数

発展性と知謀の才に恵まれた数です。ただし、強情頑固な傾向がでやすいので、独断専行をつつしんで人との和を心がけてください。

19画
▲ 重苦困難数

重苦の暗示数。意志が固く、粘り強く目的を達成しようとするが、内外の平和を欠き、時運に恵まれず中途で挫折しやすい凶運数です。

20画
× 崩壊困窮数

二重の零数。何事も終わりを全うできず、一時的に成功しても最後にすべてを失う大凶運数です。晩年の孤独、家庭不和も招きます。

21画
◎ 発展頭領数

家を興し、名声を上げ、人の頭領となって成功する大吉数。多少の辛苦があっても、知、徳に恵まれて独立、繁栄する幸運数です。

22画
× 平和破壊数

家庭的に恵まれず、もめ事が生じやすい運命にあります。労して功なく、外見は良く見えても、内面は苦労困難が多い大凶運数です。

23画
○ 知能発揮数

進取発展の勢い強く、苦労の中から身を起こして頭領となる努力結晶の大盛運数。知謀才気に優れ、逆境を突破する生気があります。

24画
○　努力開発数

一時は苦労するものの、才知と努力で無より有を生み、目的を達成する大成功数。ただし、努力を怠ると水泡に帰す恐れがあります。

25画
△　独立開拓数

利害共有の変化数。才能と実力がある反面、偏屈で協調性に乏しいですが、社交性を身につければ人望を集めて成功を収める数です。

26画
▲　流転変化数

大吉三分大凶七分の変異数。生涯、波乱の多い運命か家庭内に暗い問題が生じる凶運数ですが、宗教家や養子は吉の場合もあります。

27画
▲　孤独苦労数

才知に優れて成功を収めても、協調性がないため孤独で不幸な運命に終わる傾向。とくに女性には結婚運に恵まれない大凶運数です。

28画
×　破乱困窮数

四と七の相乗となる凶運数。昔は英雄数とされましたが、生涯、波乱変動が多く意外な災難に遭い、晩年孤独、衰亡の運命の暗示です。

29画
○　志望貫徹数

純陽の素数。知謀才略に秀で、権威も備わり大志大業を成就する吉数。ただし虚言や姑息な手段で信用を失わないよう注意が必要です。

30画 △ 内面充実数

成形確定の変化数。進取向上心に富んで積極的に努力すれば成功発展します。反面、才能あっても努力が報われない凶暗示があります。

31画 ◎ 旭日昇天数

一と三の両吉数を含む頭領数。意志強固で困難にも屈せず、強い信念をもって家を興し、前途を打開して成功発展する大吉運数です。

32画 △ 吉凶分岐数

吉凶相半ばする僥倖《ぎょうこう》運数。温厚で才知に恵まれ、破竹の勢いで成功発展します。ただし、姓名構成によっては凶運暗示数に変化します。

33画 ○ 強運変化数

建設の才能をもち決断力があり、順調に大成する勢い盛んな運勢です。ただし、女性には強運が逆に凶運をもたらし離縁数の暗示です。

34画 × 不幸凶運数

凶兆が連鎖する数。建設的才能や実行力があっても環境に恵まれず、好機を失し失敗を招く大凶運数。破産、病難の凶暗示もあります。

35画 ○ 芸能発展数

文学的才能や技芸に秀でた数で、学術、芸術家として名声を博す吉運数。ただし、自信過剰から災いを起こさないよう注意が必要です。

36画
△　感情先行数

義侠心が強い波乱数。人情的ですが短気で、感情で行動するため誤解をうけやすく敵を作ります。女性は男まさり、後家相の数です。

37画
○　修養伸展数

着実勤勉、仁徳をもった吉運数。諸事万端辛苦を知らずに向上していきます。女性はよく家政を切り盛りし、家庭円満の幸運数です。

38画
◎　名声発展数

努力忍耐の貫徹数。試練に遭いますが、その修業を遂行し大志大業を果たし大人物となります。学者、政治家などに向いた名誉数です。

39画
◎　幸運福徳数

福徳寿を備えた大吉数。若年の頃は苦労しますが、中年から徐々に開運し、権威が備わって富貴発展し、子孫にまでおよぶ吉運数です。

40画
△　単独前進数

吉凶分岐点の数。知謀に優れ人望があり、大胆な行動で事業に成功する吉運数ですが、失敗して悲惨不運な目にあう暗示があります。

41画
◎　中心首領数

群鶏の一鶴といえる数で、高貴富貴を備えた吉運数。指導力があり博愛精神の持ち主で、衆人の首領格となって成功する大幸運数です。

42画
▲ 不運貧困数

男性の大厄数で姓名学上では用いません。堅実で努力はしますが、器用貧乏で人生の好機を逃します。ただし、養子の場合は良好です。

43画
△ 内実窮乏数

運気が周期的に変則する不運数。学者や芸術家は吉ですが、財は作れません。陰陽不調和は冷淡で変人になり、孤独な人生になります。

44画
× 凋落不幸数

四と四（死と死）が重なる不定形な数。財はあっても守りきれず、離散、破滅を招く凶運数で、晩年悲哀の生涯を送る暗示があります。

45画
◎ 天恵幸運数

名誉万世の数、幸運に恵まれた福徳数。生涯に一度は失敗して苦労しますが、意志貫徹して目的達成。後年にしたがい運は安泰します。

46画
△ 因縁変化数

波乱万丈の混乱数。富豪の生まれでも一代で富と財を失う、逆に無財で育った者は成功するなど、親と違った道を歩む暗示があります。

47画
◎ 守護幸運数

福徳寿の三運を子孫にまでおよぼす吉慶数。神仏の御守護、仁徳を得て大いに発展し、希望通り大事業を成し遂げられる幸運数です。

48画
◎　人望名誉数

知と勇気、才能を有する数。人望が厚く衆人から尊敬され、先天的に徳をもった誠のある人物となり、顧問などを頼まれる吉運数です。

49画
×　不運不幸数

四苦八苦に通じる困難数で危険性を含む数。一難去ってまた一難と苦労がつづき、物質運に恵まれず薄幸な人生を送ることになります。

50画
▲　有為転変数

二極化の不安定数。知力才力があり、運気盛んなときは隆盛を極めますが、永続性がなく失敗。刑事問題、訴訟事の暗示もあります。

51画
△　願望成就数

健全な思想と努力で大事業を成し遂げ、大望を成就する数。ただし、姓名の組み合わせや陰陽調和が凶の場合は晩年衰運となります。

52画
○　実力発揮数

志操堅固で独立自営の才能を有する数。困難に遭遇しても、才腕と勇気で理想を実現する吉運数です。ただし、野心や勝負事は凶です。

53画
△　軽挙活動数

自力活動を有する忍耐数。組み合わせ凶は晩年貧苦、困難の半吉数です。ただし、養子縁組、女性の姓名には福徳円満数となります。

54画
▲ 秘密孤独数

孤独数で、自己中心的な思考を求める障害数。利己主義、秘密主義で人との和睦に欠けます。大志を抱いても障害、辛苦に勝てません。

55画
▲ 単身苦労数

努力勤勉だが失敗多き危険数。つねに振り出しに戻るゼロの数です。肉親や妻子とも縁薄く、晩年は精神的不幸となる暗示があります。

56画
× 凶運流転数

破滅を招く凶運数。意志薄弱で何事も長続きせず、運命は転々として変わる傾向があり、その生涯は辛苦、困難な茨の道となります。

57画
○ 忍耐成功数

忍耐努力の数。万難あっても克服し、百事意のままに進む吉運数となります。立身栄達の暗示があり、女性は貞節を守る良い数です。

58画
△ 末吉運命数

苦難を克服し、忍耐強く自己の本分を全うします。中年までは災害にあっても、晩年は相続人に恵まれ富貴福徳をうける吉運数です。

59画
× 信念薄弱数

精神軟弱の不安定数。精神力が乏しく劣等感、臆病、小心者が多く、世間の信用を失い、災厄を被って身の安泰ができない凶運数です。

60画
× 中絶災禍数

波乱多く子孫断絶の凶兆数。困難な人生で、家庭不和、離婚、思いがけない苦労や悩みの暗示があります。女性はとくに凶運数です。

61画
◎ 天運祝福数

天恵、両親の愛をうけて育つ幸運な数。中年までは苦労しても諸事万端好転し、晩年は名誉、福禄をうけて安心立命する吉運数です。

62画
▲ 薄運不幸数

一見華やかでも内実は苦心のある混乱数。働いても報われない不幸な人生を送り、晩年は大病を患って不運に終わる兆しの凶運数です。

63画
◎ 順運進歩数

福徳吉祥の数。諸事支障なく意のままに運び、生きがいのある人生を送ります。信仰心により子孫におよぶ富貴繁栄を得る幸運数です。

64画
× 人生劇場数

浮沈動揺の数。富豪の家ならその富に苦労し、困窮した家なら廃家を興すという悲喜交々の人生。不慮の死や大病の凶暗示もあります。

65画
◎ 幸運天授数

一生安楽に送る吉祥運の数。才知に富み、明朗活発で、諸事万端思い通りに成就します。財を産み、子孫にいたるまで繁栄する数です。

66画
▲　反省修業数

艱難辛苦をなめる凶運数。つねに自己反省し、人生の険しい山道を歩かなければなりません。晩年、災難損失が重なる暗示があります。

67画
○　積善信用数

自立心が強く知謀、才略に富むため大衆の上に立つ人物となり、大志を抱いて大業を達成。目上の信用があり人格者となる吉運数です。

68画
○　霊感発揮数

才知豊かで研究心が強く、発明や発見に才能を発揮。学者タイプで温厚、衆望を得て立身出世する吉運数です。ただし、野望は禁物。

69画
×　精神不安数

百事意のごとくならない不吉数。病難、災難などを被る不遇な凶運数です。放慢放縦主義者多く、精神不安定や事故の兆しもあります。

70画
×　天運不幸数

困難困窮数。暗黒で不安定な人生、後悔事を重ね災厄を一人で担う暗示の凶悪数です。原因不明の病にかかりやすい傾向もあります。

71画
△　陽気明朗数

大きな発展性をもつ幸運の数。陽気でお人好しで情にもろいため失敗しますが、長所でもあり、知性を養えば富貴繁栄が約束されます。

72画
△　明暗交々数

勝負事を好み、つねに成功と失敗の繰り返しとなりやすい吉凶背中合わせの数です。節度があれば、ある程度は裕福な晩年となります。

73画
○　自然幸運数

努力心の強い希望貫徹数。手先が器用で小才がきき、グチを言わないので自然に恩恵を受けます。晩年は人望厚く子孫にも恵まれます。

74画
×　自己崩壊数

無責任な言動が多く自己を崩壊させる数。虚栄心が強く財産を失います。借財で親戚にも見離され、孤独となり終わる運命もあります。

75画
○　信念努力数

意志強固にして独立心にあふれる数。目上の信用をうけ、多少の災難も努力で乗り越えます。晩年は人格おだやかな好人物となります。

76画
×　因果凶運数

苦労の重なる凶運数。財産家に生まれても、生家の財を滅ぼす憂き目をみます。警察問題、訴訟、事故、不吉な死の暗示も含みます。

77画
△　吉凶半々数

吉凶の両分岐点に立つ数。人生の前半に幸運ならば、後半生は天災か人災に遭遇する苦難にあい、不運な立場になる傾向があります。

78画
△ 中途支障数

知力、才力をもつ有能な吉数。その才能を発揮するまでには艱難辛苦があり、挫折せず努力すれば大志大業を果たし偉業を残します。

79画
▲ 軽率盲動数

饒舌がゆえに失敗多し。怠慢、無責任、無計画性が世間の信用をなくし孤独に。晩年は病弱で他人の世話になる凶運暗示もあります。

80画
× 天恵薄弱数

艱難辛苦をうける不運数。一生を他人のために労する傾向ですが、人の嫌う職業を選んで努力する人は尊敬され、大いに人望を得ます。

81画
◎ 天運豊厚数

数の太極。幸運、慶運すべてを享受する発展繁栄数。自然に富貴幸福をうけ、万事百般意のごとく運び、隆盛を極める大吉運数です。

※八十二画以上は、その数から八十の盈数を引いた残数で判断してください。つまり八十一画は基本数の一画と同じであり、八十二画は単数の二と同じく最初に戻ることになります。

運気で見る良い画数

人の一生の幸・不幸にかかわる運気は、大きく五つにわけられます。仕事の成功運、対人運、芸能・芸術方面で活躍する才能運、恋愛運、金運で、その運気ごとに吉相となる人位数の画数があるのです。この画数を知ることによって、運気別に吉名を判別することもできます。

仕事で成功する人位数の画数を見ると、3画・5画など、19通りの画数がよいとされています。ですから、仕事運の向上を望むときは、この画数の中から選ぶとよいわけです。

また、対人運に恵まれる画数は21通りの画数がよいとされ、その中の3画・5画・11画など14通りの画数は、仕事で成功する画数と同じ数です。

さらに、金運に恵まれる画数を見ると、よい画数が10通りあり、このうちの5画は仕事運と対人運にも入っています。したがって、人位数が5画の名前は、この三つの運気に恵まれる大吉の画数なわけです。この5画は、「目上運強く、人脈によって成功を納める数」です。上司や先輩、取引先などの対人関係に恵まれ、その人脈が活かされて事業の発展や出世といった仕事の成功につながり、いつの間にか財をなし、金運に恵まれるという大吉相の暗示があるといえます。

命名や改名する際には、誰でも「良い名前にしたい」と吉名を望みますが、このように「どんな人生を送りたいか」を考え、運気から見て吉名にすることもできます。事業を起こしたり、会社での立身出世をめざすときには、仕事の成功運や対人運、金運に恵まれる画数を選びましょう。

また、平凡でも幸せな結婚をしたいと願うときは、結婚運や恋愛運に恵まれる画数、芸能や芸術の分野で一芸に秀で、その道で活躍したいときには才能運というように、開運をはかりたい運気にあわせて吉名を選ぶとよいでしょう。それが、その人にとっての幸せにつながるのです。

このように数の原理は、その組み合わせ（集合）によって強烈な力を有する大切な原則なのです。

《仕事で成功する画数一覧表》

3画…エネルギッシュな活動で常に変化創造あり
5画…目上運強く、人脈によって成功を納める数
11画…着想や発想力に恵まれ、進歩発展の強運数
15画…資財や名声に恵まれ、立身出世の大吉数
17画…強い精神力で苦難を克服し、事を成す数
21画…知徳に恵まれ、頭領的存在で活躍できる人
23画…自ら知能を磨き逆境を突破。アイデアマン
24画…苦労あれど努力と才知で目的達成する暗示
29画…知謀才略、権威を得て大業を成就する
31画…意志強く、前途を打破して発展する大吉数
37画…勤勉にして仁徳あり。苦労知らずで向上する
39画…福徳寿を備え、中年より富貴発展の傾向
41画…天性の財力、指導力でトップの座を掴む
45画…失敗にめげぬ強い意志力あって、運は安泰
47画…神仏の加護を得て福徳寿の幸運に恵まれる
48画…勇気才能人望を備えた誠のある人物となる
53画…頼れるのは己のみ、劣等意識が和を乱す
57画…万難あれど忍耐努力の根性で無事安泰の数
61画…天恵多く、万事徐々に好転し幸福となる数

《金運方面で活躍する画数一覧表》

5画…目上運強く、人脈によって成功を納める数
11画…着想や発想力に恵まれ、進歩発展の強運数
15画…資財や名声に恵まれ、立身出世の大吉数
21画…知徳に恵まれ、頭領的存在で活躍できる人
29画…知謀才略、権威を得て大業を成就する
31画…意志強く、前途を打破して発展する大吉数
38画…文学技芸、宗教、政治等の道を極める暗示
41画…天性の財力、指導力でトップの座を掴む
48画…勇気才能人望を備えた誠のある人物となる
61画…天恵多く、万事徐々に好転し幸福となる数

《恋愛運に恵まれる画数一覧表》

39画…福徳寿を備え、中年より富貴発展の傾向
41画…天性の財力、指導力でトップの座を掴む
47画…神仏の加護を得て福徳寿の幸運に恵まれる
57画…万難あれど忍耐努力の根性で無事安泰の数
61画…天恵多く、万事徐々に好転し幸福となる数

《対人運に恵まれる画数一覧表》

3画…エネルギッシュな活動で常に変化創造あり
5画…目上運強く、人脈によって成功を納める数
6画…自ら運を掴み、キャリアウーマンには最適
8画…臨気応変な処世術で人望を集め大成する数
11画…着想や発想力に恵まれ、進歩発展の強運数
17画…強い精神力で苦難を克服し、事を成す数
18画…才知豊かで発展運だが、頑固すぎると凶
21画…知徳に恵まれ、頭領的存在で活躍できる人
23画…自ら知能を磨き逆境を突破。アイデアマン
25画…才能実力を備える数。社交性あれば更に吉
29画…知謀才略、権威を得て大業を成就する

31画…意志強く、前途を打破して発展する大吉数
33画…決断力と建設的才能で開運。但し暴走は凶
35画…文学技芸の才あり。学者、芸術家に最適数
37画…勤勉にして仁徳あり。苦労知らずで向上する
38画…文学技芸、宗教、政治等の道を極める暗示
39画…福徳寿を備え、中年より富貴発展の傾向
41画…天性の財力、指導力でトップの座を掴む
45画…失敗にめげぬ強い意志力あって、運は安泰
47画…神仏の加護を得て福徳寿の幸運に恵まれる
48画…勇気才能人望を備えた誠のある人物となる

《芸能・芸術方面で活躍する画数一覧表》

3画…エネルギッシュな活動で常に変化創造あり
5画…目上運強く、人脈によって成功を納める数
6画…自ら運を掴み、キャリアウーマンには最適
7画…意志が強く、逆境に立ち向かえる勇気者
8画…臨機応変な処世術で人望を集め大成する数
13画…才知に優れ、どんな困難をも打開克服する
15画…資財や名声に恵まれ、立身出世の大吉数
17画…強い精神力で苦難を克服し、事を成す数
21画…知徳に恵まれ、頭領的存在で活躍できる人
23画…自ら知能を磨き逆境を突破。アイデアマン

31画…意志強く、前途を打破して発展する大吉数
33画…決断力と建設的才能で開運。但し暴走は凶
35画…文学技芸の才あり。学者、芸術家に最適数
37画…勤勉にして仁徳あり。苦労知らずで向上する
38画…文学技芸、宗教、政治等の道を究める暗示
39画…福徳寿を備え、中年より富貴発展の傾向
45画…失敗にめげぬ強い意志力あって、運は安泰
52画…開拓精神を備え、独立自営で才能発揮する
57画…万難あれど忍耐努力の根性で無事安泰の数
61画…天恵多く、万事徐々に好転し幸福となる数

画数で見る相性

画数で相性を見る際も、五気の場合と同様に名前を基本として吉凶を判断します。ただし、画数で見る場合は、二字以上の名前であっても頭字の一文字が基本となります。頭字の画数が奇数（記号○）か偶数（記号●）かを調べ、それを相互に対照して相性の吉凶を判断するのです。

当方の名前の頭字が奇数、相手が偶数になる場合は吉で、相性が良いことになります。当方が偶数、相手が奇数でも、同じく相性は吉です。

しかし、名前の頭字が当方も相手も奇数の場合、または、どちらも偶数の場合は凶で、これは相性が悪いことになります。たとえば下の例のように、「平清盛」の名前の頭字「清」は11画、「時子」の頭字「時」は10画ですから、奇数と偶数になり、吉の相性です。

一方、「豊臣秀吉」の名前の頭字「秀」は7画、「淀」は11画で奇数同士となり、この場合、相性は凶となります。

《吉となる場合》

名前の頭字の画数が奇数と偶数になる場合、相性は吉となります。

（例）平 ○清（11画）盛

●時（10画）子

《凶となる場合》

名前の頭字の画数が奇数同士、偶数同士の場合、相性は凶となります。

（例）豊臣 ○秀（7画）吉

○淀（11画）

【相性がいい例】

（例1）

大坪陽（12画 ●）平
信（9画 ○）子

（例2）

羽柴秀（7画 ○）吉
寧（14画 ●）

【相性が悪い例】

（例1）

井上準（13画 ○）之助
千（3画 ○）代子

（例2）

犬養毅（15画 ○）
千（3画 ○）代子

画数や五気を使って自分の名前を判断してみたら、あまりよくなかった・・・という場合もあるでしょう。しかし、本名を自分が望むような名前に改名するのは、非常に難しいことです。そのようなときは、ニックネームやペンネームを使って、普段使う名前を吉名に変えるのもよいでしょう。これも改名法のひとつです。

作家や芸能人などに限らず、通称・愛称といえるニックネームを使っている例は身近にもあります。たとえば、老舗の当主が名跡を継ぎ、先祖代々の名前を名乗ることは、いまも珍しいことではありません。俳句や華道、日本舞踊などの雅号もペンネームといえます。女性は結婚して姓が変わっても、職場では旧姓をそのまま使っている人もいます。また、仕事上の名前を、姓も名もすべてひらがなやカタカナで表記して印象づける場合もあります。本名と呼び名は変えずに、名前の漢字を吉名となる文字に変えることは、これまでにも多くありました。

このようにニックネームにもいろいろなケースがありますが、毎日、さまざまな場面で名前を名乗ったり、書いたり、周りの人から呼ばれたりすることで、その名前が身について自分のものとなります。そうすると心持ちが変わり、必ず運気の流れも変わっていくはずです。

吉名にして、よりよい人生を歩みたい・・・そう思ったときは、ぜひニックネームを活用してみましょう。

COLUMN

ニックネームを活用しよう！

第六章

命名・改名の知識

改名のもたらす意味

人は皆、波乱を避け安定した人生を願います。まして、幸運に恵まれた良い一生を送りたいと思うのは誰しも同じです。姓名は、この人の運勢に大きく関わっています。毎日呼ばれたり書いたりする姓名は、使う回数が多いだけに、人生を左右する力も大きいのです。つまり姓名は、その人の運命をつかさどり、年々変化し、発展する重大な役割を持っているといえます。とくに改名することは、名前の持つ旧来の因縁を断ち切って新しく生まれ変わることです。改名によって心機一転、人生や運命を変えた人々は、芸能界をはじめプロスポーツ界や文学人、芸術家の方々に多く見受けられます。つまり、より一層の努力、教養、信念ある行動によって自己完成に大きく近づいたと言えるのです。

では、どのような場合に改名を考えればよいのか、一例を示しましょう。たとえば、姓の頭文字と名の頭文字が同一の画数は「天地衝突」といって凶名になります。この場合、その子はつねに親の意見に逆らうか、親子の縁が薄く、早く実家を出ていくことになります。このようなときは改名することによって宿命も変化していきます。

凶名から吉名に変えてから縁談が決まったり、仕事が順調に、夢や希望が叶った人たちが大勢います。これは改名することによって修養を教え、発奮を促し、不運のサイクルを断ち、心理的にも、環境的にも一新して、自らがさらに努力した結果なのです。

戸籍法上で改姓が認められる場合

　正式に姓を変更するためには、その住所地の管轄する家庭裁判所に、改姓の申立書を提出しなければなりません。その申請人の主張が正当であると判定された場合に限り許可されるもので、個人の意志で勝手に改姓はできないのです。

　戸籍法では、「やむを得ない事由によって、氏を変更しようとするときは、戸籍の筆頭に記載した者およびその配偶者は、家庭裁判所の許可を得て、その旨を届け出なければならない」とされています。つまり、やむを得ない事情がない限り、姓は変更できるものではありません。改姓の申し立てが認められるかどうかは、家庭裁判所の判断となりますが、現状の戸籍法上では、姓の変更はかなり難しいとされています。

　結婚する際、夫または妻が配偶者の姓に変わるのは一般的です。このように、戸籍法上で改姓が認められるのは、下記のような場合が挙げられます。

《戸籍法上で改姓が認められる場合》

・結婚によって姓が変わる場合
・養子縁組で姓が変わる場合
・未婚の母の子で、母の姓を名乗っていた者を、父が自分の子として認知した場合
・未婚の母の子で、父が認知した場合とか、その父が母と結婚した場合に、父の姓を名乗っていた未成年者が成人になって、母の姓にもどりたいとき。

戸籍法上で改名が認められる場合

改名も改姓の場合と同様に、正当な理由のない正式な変更は、法律上で認められません。改名するためには、家庭裁判所にその旨を申し立てて許可を得なければなりませんが、これも非常に難しいとされています。

正式に改名が許可されるのは、「同じ地区に自分と同姓同名の人が住んでいるため、生活に大きな支障がある」など、つぎのような事情がある場合が挙げられます。

しかし、申し立てが認められるためには、証拠を示してその理由が正しいことを明らかにしなければならず、大変な労力を必要とします。ましてや「姓名学からみて凶運となるから、吉名に改めたい」という申し立てでは許可されません。

そこで、どうしても改名したい場合には、戸籍上の本名はそのまま変えずに、日常で使う「通り名」として吉名を選んで使用してもよいでしょう。

《戸籍法上で改名が認められる場合》

・同一居住地区に同姓同名者があって社会生活上に支障をきたしているような場合。

・僧籍に転入するとき、及び還俗する場合。

・通称名を長期間にわたり使用し、その通称名がその人の生活上に重大な役割を果たしている場合。

・父母の悪趣味や迷信から珍名、奇名の場合。その他、生活上不合理であったり、非常識であると判断された場合。

・当用漢字表にない文字を使っている名前も本人の申し立てによって許可されます。

命名の仕方

命名について

姓名学において注意することはいろいろとありますが、基本的なこととして、長男に次郎、三男、四郎という字は使用しないことです。長男は太郎、一郎という文字を入れるほうがよいのです。

また、二番目に生まれた男児に一郎や太郎という文字を使うと、兄弟は異質の性格を持ち仲が悪く、お互いにライバル意識が強くなり、プライドが高くなって凶名となります。「姓」との調和、つまり姓とつりあいのとれた名前にすることも大事で、読みにくいものや呼びにくい名前は、いかに吉数でも調和しているとはいえず、避けたほうが無難です。

出生届けについて

出生の届け出は、戸籍法によって、原則として14日以内に「出生届」を提出しなければなりません。生まれた日を一日目とし、もし14日目が日曜日等で役所の休日にあたる場合は、次の開庁日までに届けてもよいことになっていますが、期限間際になるようであれば役所に確認しましょう。また本籍地や現住所がどこであっても、届け出は、新生児が生まれたところの市町村役場で行なうことができます。その出生地から本籍地にも現住所にも連絡され、自動的に一切の手続きが終わります。届け出るときは、母子手帳、出生届に捺印した印鑑が必要です。

COLUMN

避けたい名前について

一口に凶名といっても、いろいろな場合があります。行方不明《なめかたふめい》とか上野公園《うえのこうえん》などは、誰にも良くないと一見してわかりますが、そうした名前ばかりを指すのではありません。

まず、春、夏、秋、冬の四季の一字の名をつけたり、花、松、杉、柳などの植物の名、熊、虎、犬、鶴、亀のような動物の名は用いないようにしましょう。捨（すて）や留（とめ）などを用いるのも凶相です。文平、寿平、治平、薫平なども感心しません。男女の区別のはっきりしない操、薫、勝美、比呂のような名前も避けましょう。

女性名としては、ヤス、トキ、チヨ、ナミ、シズ、ノブなどは凶名ですから、とくに避けてください。この読み方をそのまま漢字にしたり、子や江をつけて用いても、やはり凶名となります。

姓と名が同じ文字であったり、同じ意義となる名前を用いるのも凶名です。たとえば、豊田豊、杉浦杉造、原田源作、小林林平、雨森雪造などがその例で、短命となるか、多情、虚栄心が強く、不幸な人生となります。姓名の意義や音波や音質も考えなければなりません。また、姓名の意義が不良になったり、非常に珍しく変わった名前、音読して奇妙に聞こえる名前も避けるべきです。森有礼《もりゆうれい》（森の幽霊）、寺田茂《てらだしげる》（痔だもん）などは、その代表的なものです。

命名や改名の際には、このような凶名を避けるよう十分に注意して、吉名を選びましょう。

第七章

最新命名字典

最新命名字典

●姓名判断は、各流派により漢字の画数の定め方に違いがあるようです。
本書における姓名学の「画数の取り方」は出来るだけ各派の説を考慮し、ご本人が常日頃書く習慣的な文字の画数を重視しています。たとえば草冠を「艹」と書く場合は四画であり、「艹」と新漢字法で書く場合は三画として数えます。

●命名に用いる漢字は、戸籍法・同施行規則により常用漢字・人名用漢字の中から選字することになっております。

●ここに掲げた命名字典は、文部科学省指導要領による教育漢字を基本として、画数を数えて画数順に配列しました。

●名前に用いる漢字の読み方は、ここに掲げた読み方だけでなく、特に制限されていません。字義・画数などから自由に使用できます。

●名前に使える旧字体を太字で正字のあとに組み入れました。また、会社名や屋号・商号・雅号等にも使用できます。

平成十七年四月現在

一画

- 一　イチ・イツ・おさむ・はじめ
- 乙　オツ・いつ・おと・くに・いち

二画

- 九　キュウ・ク・かず・ひさ・ただす
- 七　シチ・なな・ななつ・なの・な
- 十　ジュウ・ジッ・と・そ・ひさし
- 人　ジン・ニン・ひと・さね・と
- 乃　ダイ・ナイ・の・おさむ・ただ
- 丁　チョウ・テイ・あたる・あつ
- 刀　トウ・かたな
- 二　ニ・ジ・ふたつ・ふた・つぎ・ふ
- 入　ニュウ・いる・いり・しお
- 八　ハチ・や・やつ・よう・わかつ
- 卜　ボク・うらなう
- 又　ユウ・また・すけ・たすく・やす
- 力　リキ・リョウ・ちから・つとむ
- 了　リョウ・あさ・さとる・すみ・のり

三画

- 已　イ・やむ・のみ・すでに
- 下　カ・ゲ・した・しも・もと
- 干　カン・ほす・ひる・もと
- 丸　ガン・まる・まるい・たま・まろ
- 久　キュウ・ク・ひさし・つね・なが
- 及　キュウ・およぶ・いたる・たか
- 弓　キュウ・ク・ゆみ
- 巾　キン・きれ
- 己　コ・キ・おのれ・つちのと
- 工　コウ・ク・たくみ・つとむ・のり
- 口　コウ・ク・くち
- 叉　サ・また
- 才　サイ・ザイ・かた・もち
- 三　サン・シン・み・みつ・さぶ・ぞう
- 山　サン・ザン・セン・やま・たか
- 士　シ・ジ・お・おさむ・こと・つかさ
- 子　シ・ス・ジ・こ・しげ・たね・み
- 巳　シ・み
- 之　シ・いたる・これ・の・のぶ・ゆき
- 勺　シャク・くむ
- 女　ジョ・ニョ・ニュウ・おんな・め
- 小　ショウ・ちいさい・おさ・こ
- 上　ジョウ・ショウ・うえ・かみ・のぼる
- 丈　ジョウ・チョウ・たけ・ひろ・ます
- 刃　ジン・ニン・は・やいば
- 寸　スン・ソン・のり・ちか
- 夕　セキ・ジャク・ゆう・ゆ
- 千　セン・ち・ゆき
- 川　セン・かわ
- 大　ダイ・おお・ひろ・ゆたか・お
- 土　ド・ト・つち・はに・ひじ・ただ
- 亡　ボウ・モウ・ない・ほろびる
- 凡　ボン・ハン・つな・なみ・ちか
- 万　マン・バン・つもる・すすむ
- 萬　（十二画）
- 也　ヤ・あり・これ・なり
- 与　ヨ・すえ・とも・もと・よし
- 與　（十三画）

四画

- 引　イン・ひく・のぶ・ひき・ひさ
- 允　イン・エン・じょう・すけ・ちか
- 云　ウン・いう・いわく
- 円　エン・オン・まど・まどか・まる
- 圓　（十三画）
- 王　オウ・きみ
- 火　カ・ひ・ほ
- 化　カ・ケ・ばける
- 介　カイ・すけ・たすく・ゆき
- 刈　カイ・ガイ・かる

牛 ギュウ・ゴ・うし
凶 キョウ
斤 キン・コン・のり
区 ク・さかい・わかつ
欠 ケツ・かける・かく
月 ゲツ・ガツ・つき・つぎ
犬 ケン・いぬ
元 ガン・ゲン・もと・ちか・はじめ
幻 ゲン・カン・まぼろし
戸 コ・へ・と・かど
五 ゴ・いつ・いつつ・い・かず・ゆき

午 ゴ・うま・ま
互 ゴ・コ・たがい
公 コウ・ク・きみ・きん・さと・ただ
孔 コウ・ク・あな・よし
勾 コウ・まがる
今 コン・キン・いま
止 シ・とまる・とめる・ただ・とめ
氏 シ・ジ・うじ
支 シ・キ・えだ・ささえる
尺 シャク・セキ・かね
手 シュ・て・た・で

収 シュウ・おさむ・かず・のぶ・もと
收 （六画）
少 ショウ・すこし・お・すくな・わか
升 ショウ・ます・のぼる・みのる
冗 ジョウ・むだ
心 シン・こころ・さね・むね・もと
仁 ジン・ニ・ニン・きみ・ひろし
壬 ジン・みずのえ
水 スイ・みず・み・みな
井 セン・ショウ・い
切 セツ・サイ・きる・きれる

爪 ソウ・つめ・つま
双 ソウ・ふた・とも・もろ・ふ・ならぶ
太 タ・タイ・おお・ひろ・ふとし
反 タン・ハン・ホン・そる・かえる
丹 タン・あか・あきら・に・まこと
中 チュウ・なか・あたる・うち
丑 チュウ・うし
弔 チョウ・とむらう
天 テン・あめ・あま・たかし
斗 ト・トウ・ツ・はかる・ます
屯 トン・たむろ

内 ナイ・ダイ・うち・うつ・ただ・みつ
匂 におう・におい
日 ニチ・ジツ・ひ・か・あき・はる
廿 ニュウ・にじゅう・はたち
巴 ハ・ヘ・とも・え・うず
比 ヒ・ビ・これ・たすく・ちか・とも
匹 ヒツ・ひき・たぐい
父 フ・ブ・ホ・ちち・のり・ち
不 フ・ブ
夫 フ・フウ・おっと・お・それ
仏 ブツ・フツ・ほとけ

佛 （七画）
分 ブン・フン・ブ・わかつ・ちか
文 ブン・モン・ふみ・あき・あや
片 ヘン・かた
方 ホウ・ヘ・かた・まさ・み・やす
乏 ボウ・とぼしい
木 ボク・モク・き・こ
毛 モウ・ケ
勿 モチ・なかれ
匁 もんめ
厄 ヤク

友 ユウ・ウ・すけ・とも
尤 ユウ・とが・もっとも
予 ヨ・たのし・まさ・やすし
六 ロク・む・むつ・むっつ・むい

五画

圧 アツ・おす・おさえる
以 イ・これ・しげ・とも・のり・もち
永 エイ・なが・のぶ・のり・ひさ
央 オウ・ヨウ・エイ・ちか・てる・ひさ
凹 オウ・くぼむ・へこむ
可 カ・コク・よし・より・べし
禾 カ・のぎ
加 カ・ケ・くわえる・ます・また
瓦 ガ・かわら
牙 ガ・きば

平成二十二年十一月三十日　改定

追加人名用漢字

株式会社　神宮館

三画

乞 キツ・コウ

四画

牙 ガ・ゲ きば

五画

尻 しり

叱 シツ しかる

丼 どん・どんぶり

氾 ハン

七画

沃 ヨク

弄 ロウ・もてあそぶ

八画

苛 カ・さいなむ

穹 キュウ・そら

股 コ・また・もも

呪 ジュ・のろう

狙 ソ・ねらう

妬 ト・ねたむ

拉 ラ・ひしぐ

九画

咽 イン・のど・むせぶ

怨 エン・オン・うらむ

訃 フ

十画

挫 ザ・くじく・くじける

恣 シ

脊 セキ・せ

捗 チョク・はかどる

剝 ハク・はがす・はぐ・はがれる・むく

哺 ホ・ふくむ

十一画

萎 イ・なえる・しおれる

淫 イン・みだら

惧　グ・おそれる
痕　コン・あと
斬　ザン・きる
羞　シュウ・はじる・はずかしめる
唾　ダ・つば・つばき
貪　ドン・むさぼる

十二画

喉　コウ・のど
痩　ソウ・やせる
瘦　（十五画）
喩　ユ・さとす・たとえる

十三画

彙　イ・あつめる
楷　カイ
毀　キ・こわす・そしる
嗅　キュウ・かぐ
傲　ゴウ・おごる
嫉　シツ・ねたむ・そねむ
腫　シュ・はれる・はらす
腺　セン
溺　デキ・おぼれる
稔　ネン・みのる
慄　リツ・ふるえる
賂　ロ・まいない

十四画

箋　セン
綻　タン・ほころびる
蔑　ベツ・さげすむ・ないがしろ
瘍　ヨウ
辣　ラツ

十五画

潰　カイ・つぶす・つぶれる・ついえる
憬　ケイ
摯　シ
餌　ジ・えさ・え

膝 シツ・ひざ

踪 ソウ・ショウ

嘲 チョウ・あざける

罵 バ・ののしる

十六画

諧 カイ・かなう

骸 ガイ・むくろ

錮 コ

緻 チ

賭 ト・かける

麺 メン

十八画

顎 ガク・あご

璧 ヘキ・たま

二十二画

籠 ロウ・かご・こもる

二十九画

鬱 ウツ

外	ガイ・ゲ・そと・ほか・とお・との
刊	カン・きざむ・けずる・える
甘	カン・あまい・あま・よし
丘	キュウ・ク・おか・たかし
旧	キュウ・ふるい・もと
去	キョ・コ・さる
巨	キョ・コ・お・おお・み
叶	キョウ・かなう・かのう・やす
玉	ギョク・ゴク・たま
句	ク・コウ・グ
兄	ケイ・キョウ・え・えだ・これ
穴	ケツ・あな
玄	ゲン・ケン・くろ・つね・とお・はる
乎	コ・か・や
古	コ・ふる・たか・ひさ
広	コウ・ひろ・ひろし・みつ
廣	（十五画）
功	コウ・ク・あつ・いさお・のり
甲	コウ・カン・か・き・まさる
巧	コウ・キョウ・たくみ・よし
弘	コウ・ひろ・ひろし・ひろむ
号	ゴウ・さけぶ
込	こむ・こめる
左	サ・ひだり・すけ
札	サツ・サチ・ふだ・さね
冊	サツ・サク・ふみ
市	シ・いち
仔	シ・こ
史	シ・ちか・ひと・み・ふみ
四	シ・よ・よつ・よっつ・よん
矢	シ・や・ちかう・ただ・なお
仕	シ・ジ・つかえる・まなぶ
司	シ・ス・おさむ・つかさ・もり
只	シ・シン・これ・ただ
示	ジ・シ・キ・ギ・しめす・み
失	シツ・イツ・うしなう
写	シャ・うつす・うつる
主	シュ・ス・ぬし・おも・きみ
囚	シュウ・とらえる
汁	ジュウ・しる
出	シュツ・スイ・だす・いず・で
且	ショ・シャ・かつ
処	ショ・ソ・おき・ところ・すみ
召	ショウ・チョウ・めし・よし
申	シン・さる・のぶ・もち・しげる
世	セ・セイ・よ・つぎ・つぐ
生	セイ・ショウ・ジョウ・き・うぶ・い
正	セイ・ショウ・ジョウ・まさ・よし
石	セキ・コク・シャク・いし・かた
斥	セキ・シャク・かた・とお
仙	セン・たかし・のり・ひさ
占	セン・しめる・うら・しめ
他	タ・ほか
打	ダ・チョウ・うつ
代	ダイ・タイ・よ・しろ・のり・より
台	ダイ・タイ・もと
凧	たこ
旦	タン・あした・あさ
庁	チョウ・いえ
廳	（二十五画）
汀	テイ・なぎさ・みぎわ
田	デン・テン・た・ただ
奴	ド・やつ・やっこ
冬	トウ・ツ・ふゆ
凸	トツ・でこ
尼	ニ・ジ・あま
白	ハク・ビャク・しろ・あきら
半	ハン・なか・なかば・なからい
犯	ハン・ボン・おかす
皮	ヒ・かわ
必	ヒツ・ヒチ・かならず
疋	ヒツ・ひき
氷	ヒョウ・ひ・こおり
付	フ・つける・つく
布	フ・ブ・ホ・ぬの・しく・たえ・のぶ
払	フツ・はらう
拂	（八画）
平	ヘイ・ビョウ・ヒョウ・たいら・ひら
丙	ヘイ・ヒョウ・あき・ひのえ
皿	ベイ・さら
辺	ヘン・あたり・べ・へ・へり
弁	ベン・ハン・さだ・のぶ・わけ・ただ
戊	ボ・つちのえ
母	ボ・も・はは
包	ホウ・ヒョウ・かた・かね・しげ
卯	ボウ・う・しげ・しげる
北	ホク・きた
本	ホン・もと・なり・はじめ

末 マツ・バツ・すえ
未 ミ・ビ・いま・ひつじ
民 ミン・ビン・たみ・ひと
矛 ム・ボウ・ほこ・たけ
目 モク・ボク・め・ま・み・より
由 ユ・ユウ・ユイ・よし・ゆき・より
右 ユウ・ウ・みぎ・これ・たすく
用 ヨウ・ユ・もちいる・ちか・もち
幼 ヨウ・ユウ・おさない・わか
立 リツ・リュウ・たつ・たかし
令 レイ・リョウ・おさ・なり・のり

礼 レイ・ライ・あきら・あや・のり
禮 (十八画)

六画

安 アン・あ・やすい・やすし
夷 イ・えびす
衣 イ・エ・ころも・きぬ
伊 イ・これ・ただ・よし・おさむ
因 イン・よる・ちなみ・ゆかり・より
印 イン・しるし・おき・しる
芋 ウ・コ・いも
羽 ウ・は・はね
宇 ウ・いえ・たか・のき・ね
曳 エイ・ひく

亦 エキ・ヤク・また
汚 オ・けがす・よごす
瓜 カ・うり
仮 カ・ケ・かり
回 カイ・エ・まわる・かえる
会 カイ・エ・カツ・あう・あい
灰 カイ・はい
亥 ガイ・カイ・い
各 カク・おのおの・まさ
汗 カン・ガン・あせ
缶 カン

気 キ・ケ・ク・いき・たち
氣 (十画)
肌 キ・はだ
机 キ・ガイ・つくえ
企 キ・とも・もと
危 キ・あやうい・あぶない
伎 キ・ギ・わざ
吉 キチ・キツ・さち・よ・よし
休 キュウ・ク・やすむ・のぶ
扱 キュウ・ソウ・あつかう
臼 キュウ・うす

吸 キュウ・すう
朽 キュウ・ク・くちる
共 キョウ・ク・コウ・とも・たか
匡 キョウ・コウ・たすく・ただし
叫 キョウ・さけぶ
仰 ギョウ・コウ・ゴウ・もち・あおぐ
曲 キョク・コク・ク・まげる・くま
旭 キョク・あさひ・てる・あきら
圭 ケイ・ケ・かど・たま・よし
刑 ケイ・ギョウ
血 ケツ・ケチ・ち

件 ケン・くだん・くだり
伍 ゴ・いつつ・くみ・くむ
光 コウ・ひかる・あきら・あり
交 コウ・キョウ・まじる・かう
向 コウ・キョウ・むく・ひさ
行 コウ・アン・ギョウ・いく
考 コウ・かんがえ・たか・ただ
好 コウ・すく・たか・よし
后 コウ・グ・きみ・ご・のち
亘 コウ・とおる・のぶ・わたる
亙 (六画)

江 コウ・え・きみ・ただ・かわ
合 ゴウ・コウ・ガッ・カッ・あい・はる
再 サイ・サ・ふたたび
在 ザイ・サイ・ある・あり・みつる
糸 シ・いと・たえ・つら・よし
此 シ・この・これ・ここ
至 シ・のり・みち・ゆき・よし
旨 シ・むね・よし・うまい
死 シ・しぬ
芝 シ・しば・しく・しげ・ふさ
弛 シ・ゆるむ・たるむ

字　ジ・シ・あざ・さね・あざな
自　ジ・シ・おの・これ・さだ・より
而　ジ・なんじ・しかるに
次　ジ・シ・つぐ・つぎ・ちか・ひで
寺　ジ・てら
耳　ジ・ニ・みみ・のみ
式　シキ・ショク・つね・のり・もち
守　シュ・ス・まもる・もり・かみ・おさむ
朱　シュ・あか・あけ・あや
州　シュウ・しま・す・くに
舟　シュウ・シュ・ふね・のり

充　ジュウ・ジュ・あてる・みち
巡　ジュン・シュン・めぐる・ゆき
旬　ジュン・シュン・ただ・とき・ひら
如　ジョ・ニョ・すけ・ゆき・なお
汝　ジョ・なんじ
匠　ショウ・たくみ・なる
庄　ショウ・ソウ・たいら
丞　ショウ・ジョウ・すけ・すすむ
色　ショク・シキ・いろ・しな
迅　ジン・シン・シュン・とき・はや
尽　ジン・シン・つくす・つきる

盡　（十四画）
成　セイ・ジョウ・なる・しげ・なり
西　セイ・サイ・にし
汐　セキ・ジャク・し・お・うしお
舌　ゼツ・した
先　セン・さき・すすむ・ゆき
尖　セン・とがる
全　ゼン・セン・たけ・まさ・みつ
早　ソウ・サッ・サ・はやい・はや・さき
壮　ソウ・ショウ・さかん・たけし
壯　（七画）

争　ソウ・あらそう
爭　（八画）
存　ソン・ゾン・あきら・あり・つぎ
多　タ・おおい・おお・かず・まさる
宅　タク・ヤ・いえ・やか・やけ
托　タク
団　ダン・トン・ドン・まろ・まどか
團　（十四画）
地　チ・ジ・ち
池　チ・いけ
竹　チク・たけ・たか

虫　チュウ・チュ・むし
仲　チュウ・ジュウ・なか
兆　チョウ・ジョウ・きざし・しるし
辻　つじ
伝　デン・テン・つたう・ただ・のり
傳　（十三画）
吐　ト・はく
当　トウ・あたる・あて・あつ・まさ
灯　トウ・チン・テイ・ひ・あかり
燈　（十六画）
同　ドウ・トウ・おなじ・あつ・とも

凪　なぎ・なぐ
弐　ニ・ジ・すけ・ふたつ
肉　ニク・しし
任　ニン・ジン・まか・あたる・ただ
年　ネン・デン・デイ・とし・ね・みのる
伐　バツ・うつ・きる・のり
汎　ハン
帆　ハン・パン・ほ
妃　ヒ・キ・ひめ・きさき
百　ヒャク・ハク・お・も・もも
伏　フク・ブク・フウ・ふす・やす

米　ベイ・マイ・メ・こめ・よね
牟　ボウ・ム
忙　ボウ・いそがしい
朴　ボク・ハク・ほう・なお
毎　マイ・バイ・かず・つね・ごと
毎　（七画）
名　メイ・ショウ・な・あきら・かた
妄　モウ・ボウ・みだり
有　ユウ・ウ・あり・すみ・たもつ
羊　ヨウ・ひつじ
吏　リ・シ・ジ・おさ・さと

両　リョウ・ふたつ・もろ
列　レツ・しげ・つら・とく・のぶ・くみ
劣　レツ・おとる
老　ロウ・おい・おゆ・とし
肋　ロク・あばら

七画

亜	ア・エ・つぎ・つぐ
亞	（八画）
位	イ・くらい・たか・ただし・のり
医	イ・おさむ
囲	イ・かこむ・めぐる
壱	イチ・かず
迂	ウ
応	オウ・こたえる・たか・まさ
應	（十七画）
伽	カ・ガ・とぎ
何	カ・なに・なん・いずれ
花	カ・はな
我	ガ・われ・わ
快	カイ・こころよい・はや
芥	カイ・ケ・あくた
改	カイ・あらため・あら
戒	カイ・いましめる
角	カク・ロク・かど・つの・すみ
完	カン・ガン・さだ・たもつ・ひろし
肝	カン・きも
串	カン・くし
含	ガン・カン・ふくむ・もち
汽	キ・ケ
希	キ・ケ・まれ・こいねがう
岐	キ・ギ・みち・わかれる
忌	キ・いむ・いまわしい
技	ギ・わざ・あや
迄	キツ・まで・いたる
却	キャク・しりぞく
究	キュウ・ク・きわめる
求	キュウ・グ・もと・もとむ
玖	キュウ・き・たま・ひさ
汲	キュウ・くむ
灸	キュウ・やいと
杏	キョウ・コウ・あん・あんず
亨	キョウ・コウ・あき・とおる
狂	キョウ・くるう
局	キョク・つぼね
近	キン・コン・ちかい・ちか・とも
芹	キン・せり
均	キン・ウン・ただ・まさ・ひとし
吟	ギン・うた・おと・こえ・あきら
君	クン・きみ・きん・すえ・なお・よし
形	ケイ・ギョウ・かた・かたち・なり
系	ケイ・いと・つぎ・つなぐ
芸	ゲイ・き・すけ・のり・よし・まさ
藝	（十八画）
迎	ゲイ・ギョウ・ゴウ・むかえる
決	ケツ・きめる・さだ
見	ケン・ゲン・みる・あき・ちか・み
言	ゲン・ゴン・いう・こと・あや
呉	ゴ・くれ
吾	ゴ・あ・わが・われ
孝	コウ・キョウ・あつ・のり・たかし
更	コウ・キョウ・さら・つぐ・とお
攻	コウ・ク・せめる・おさむ
宏	コウ・ゴウ・ひろ・ひろし
抗	コウ
坑	コウ・あな
劫	ゴウ・おびやかす
谷	コク・たに・ひろ・や
克	コク・かつ・かつみ・すぐる・なり
告	コク・つげる
困	コン・こまる
佐	サ・すけ・たすく・よし
沙	サ・シャ・すすみ・みぎわ
坐	ザ・すわる・すずろ
災	サイ・わざわい
冴	さえる
材	ザイ・えだ・き・もと
作	サク・サ・つくる・あり・とも・なり
杉	サン・セン・すぎ
私	シ・ひそか・とみ
志	シ・こころざす・しるす・むね
伺	シ・うかがう・み
児	ジ・ニ・こ・のり・る
兒	（八画）
似	シ・ジ・にる・のり・ちか
孜	シ・つとめる
車	シャ・くるま・のり
社	シャ・ジャ・やしろ・こそ・たか
社	（八画）
灼	シャク・やく
寿	ジュ・ことぶき・とし・ひさし
壽	（十四画）
秀	シュウ・しげ・すえ・ひで
住	ジュウ・すむ・すみ・もち・よし

初	ショ・ソ・はじめ・はつ・うい
助	ジョ・ショ・すけ・たすく
序	ジョ・ショ・つぎ・ひさし
床	ショウ・ソウ・とこ・ゆか
肖	ショウ・にる・すえ・のり
抄	ショウ・ソウ・うつす
条	ジョウ・え・えだ・なが・すじ
條	（十一画）
状	ジョウ・かたち・かた・のり
狀	（八画）
杖	ジョウ・つえ
芯	シン
身	シン・み・これ・ただ・もと・よし
臣	シン・ジン・お・おみ・おん・しげ
辰	シン・ジン・たつ・とき
伸	シン・のぶ・のぼる
辛	シン・からい・つらい
図	ズ・ト・はかる・え・なる・みつ
吹	スイ・シ・ふく・かぜ・ふき
声	セイ・ショウ・こえ・こわ・かた
赤	セキ・シャク・あか
折	セツ・おる・おり
宋	ソウ
走	ソウ・ス・はしる・ゆき
足	ソク・あし・たりる・たる・たす
即	ソク・ショク・つく・ただ・より
卽	（九画）
束	ソク・ゾク・たば・つか・つかぬ
村	ソン・むら・すえ・つね
妥	ダ・タ・おだやか・やすし・やす
汰	タ・よなげる
体	タイ・テイ・からだ・み・みる・もと
対	タイ・ツイ・そろい・あう・あたる
沢	タク・さわ・なごり・ます
択	タク・ダク・えらぶ・えらび
但	タン・ダン・たじ・ただ
男	ダン・ナン・おとこ・お
沖	チュウ・ジュ・おき・なか
肘	チュウ・ひじ
町	チョウ・まち
沈	チン・ジン・しずむ
弟	テイ・ダイ・デ・おと・くに・つぎ
低	テイ・タイ・ひくい・ひら
廷	テイ・ジョウ・たか・ただ・なが
呈	テイ・ジョウ・チョウ・しめ
辿	テン・たどる
佃	デン・つくだ
兎	ト・うさぎ
杜	ト・もり・ふさぐ
努	ド・ヌ・つとむ・はげむ
投	トウ・なげる・ゆき・よる
豆	トウ・ズ・まめ
沌	トン
呑	ドン・のむ
那	ナ・ダ・とも・ふゆ・やす
尿	ニョウ・いばり
妊	ニン・はらむ
忍	ニン・ジン・しのぶ・ひそむ・おか
芭	ハ・バ
把	ハ・ヘ・たば・とる・もつ・え
売	バイ・マイ・うる・うれる
賣	（十五画）
貝	バイ・かい
伯	ハク・ハ・ヒャク・おじ・とも
麦	バク・むぎ
抜	バツ・ハツ・ぬく・ぬける
拔	（八画）
判	ハン・バン・さだ・ちか・わかつ
伴	ハン・バン・ともなう・すけ・とも
坂	ハン・さか
阪	ハン・さか
批	ヒ・ビ・うつ・ふれる
庇	ヒ・ひさし・かばう
否	ヒ・いな
尾	ビ・ミ・お・おわり・のち
扶	フ・ブ・ホ・すけ・たもつ・もと
芙	フ・ブ・はす
吻	フン
兵	ヘイ・ヒョウ・たけ・むね
別	ベツ・わかれる
返	ヘン・かえす・かえる
甫	ホ・フ・はじめ・とし・なみ・もと
牡	ボ・おす
芳	ホウ・よし・かおり
邦	ホウ・くに
防	ボウ・ホウ・ふせぐ・そなえ
坊	ボウ・ボッ・へや・てら
妨	ボウ・さまたげる

忘	ボウ・わすれる
没	ボツ・しずむ
妙	ミョウ・ビョウ・たえ・ただ・とう
冶	ヤ・いる・とかす
役	ヤク・エキ・つら・ゆき・つとめ
邑	ユウ・くに・さとし・すみ・むら
酉	ユウ・ユ・とり・なが・みのる
佑	ユウ・ウ・すけ・たすく
余	ヨ・あまる・あまり・われ
妖	ヨウ・あやし
抑	ヨク・おさえる
来	ライ・くる・きたる・きく・こ
來	(八画)
乱	ラン・みだれる・みだす
卵	ラン・たまご
里	リ・さと・のり・さとし
李	リ・すもも
利	リ・きく・とし・みち・より
良	リョウ・すけ・つぎ・なが・よし
冷	レイ・リョウ・つめたい・ひえる
伶	レイ・リョウ・さかしい
励	レイ・はげむ・つとむ
戻	レイ・もどす・もどる
芦	ロ・あし
呂	ロ・リョ・おと・なが
労	ロウ・ほねおり

八画

阿	ア・おもねる・お・おく
委	イ・ゆだねる・すえ・つぐ
依	イ・エ・よる・より・たよる
育	イク・そだつ・なり・やす・すけ
雨	ウ・あめ・あま
泳	エイ・およぐ
英	エイ・ヨウ・エン・ひで・はなぶさ
易	エキ・イ・おさむ・かね・やすし
宛	エン・ずつ・さながら・あてる
奄	エン・おおう
苑	エン・オン・その
炎	エン・ほのお・もえる
延	エン・のべる・すけ・とお・なが
沿	エン・そう
於	オ・おそ
押	オウ・おす・おさえる・おし
旺	オウ・さかん・あきら
往	オウ・ゆく・ひさ・みち・もち・ゆき
欧	オウ・オ・はく・うつ
殴	オウ・なぐる・うつ
河	カ・ガ・かわ
果	カ・はたす・はて
価	カ・あたい
價	(十五画)
佳	カ・ケ・ケイ・よし・よい
画	ガ・カク・さ・えがく・はかる・わける
茄	カ・なす
芽	ガ・ケ・め・めぐむ
拐	カイ
届	カイ・とどく・あつ・ゆき・いたる
怪	カイ・ケ・あやしい
劾	ガイ・きわめる
拡	カク・コウ・ひろ・ひろし
学	ガク・まなぶ・さと・さね・たか
岳	ガク・たけ・おか・たか・たかし
官	カン・おさ・きみ・これ・ひろ
侃	カン・すなお・あきら・ただし
函	カン・はこ
岩	ガン・いわ・いわお・かた
岸	ガン・きし
玩	ガン・もてあそぶ
祁	キ
季	キ・すえ・とき・とし・みのる
祈	キ・いのる・いのり
祈	(九画)
其	キ・その・それ
奇	キ・めずらしい
宜	ギ・き・すみ・たか・のり・よし
泣	キュウ・なく
居	キョ・コ・いる・い・いや・おき・おり
拠	キョ・コ・より・よる
拒	キョ・こばむ
供	キョウ・ク・グ・とも
協	キョウ・かなう・やす・あわす

享	キョウ・うける・たか・つら・ゆき
京	キョウ・ケイ・たかし・みやこ
況	キョウ
尭	ギョウ・ゆたか・たかし
堯	（十二画）
金	キン・コン・ゴン・かね・かな
欣	キン・コン・やすし・よし
苦	ク・にがい
具	グ・ク・とも・そなえ
空	クウ・コウ・ク・そら・あく・から
屈	クツ・かがむ
茎	ケイ・キョウ・くき
径	ケイ・キョウ・みち・わたる
肩	ケン・かた
券	ケン
弦	ゲン・つる・お
固	コ・かたい・もと・み
呼	コ・カ・ケ・よぶ・よび・おと・こえ
虎	コ・とら・たけ
幸	コウ・さち・みゆき・ゆき・よし
効	コウ・かず・かた・のり・きく
肯	コウ・うなずく・さき・むね
昂	コウ・ゴウ・あがる・のぼる・あおぐ
拘	コウ・ク・とらえる
昊	コウ
岡	コウ・おか
庚	コウ・かのえ
杭	コウ・くい
肴	コウ・さかな
岬	コウ・みさき
国	コク・くに・とき
國	（十一画）
刻	コク・きざむ・とき
忽	コツ・たちまち・ゆるがせ
昆	コン・あに・のち・おおい・ひで
昏	コン・くらい
些	サ・いささか
采	サイ・とる・あや・うね・こと
妻	サイ・セイ・つま
刹	サツ
刷	サツ・する
参	サン・シン・かず・ちか・なか
始	シ・はじめる・とも・もと
使	シ・つかう・つかい・もと
姉	シ・あね
枝	シ・キ・えだ・しげ・え・しな
祉	シ・さいわい・とみ・よし
祉	（九画）
刺	シ・セキ・さす・ささる
肢	シ
事	ジ・ズ・こと・つとむ・わざ
侍	ジ・シ・はべる・さむらい
竺	ジク
実	ジツ・み・みのる・さね・まこと
實	（十四画）
者	シャ・もの・ひさ・ひと
者	（九画）
舎	シャ・いえ・や・やどる・おく
邪	ジャ・ヤ・よこしま
若	ジャク・ニャク・なお・よし・わか
取	シュ・シュウ・とる・とり
受	ジュ・シュウ・うけ・しげ・つぐ
周	シュウ・シュ・ちかし・かね・ちか
叔	シュク・おじ・すえ・よし
述	ジュツ・シュツ・のべる・のぶ
杵	ショ・きね
所	ショ・ソ・ところ・のぶ
承	ショウ・ジョウ・すけ・つぐ
招	ショウ・まねく・あき・あきら
松	ショウ・まつ・ときわ
沼	ショウ・ぬま
昇	ショウ・のぼる・かみ・のり
尚	ショウ・たかし・なお・ひさし
昌	ショウ・あきら・さかえ・すけ
帖	ジョウ
垂	スイ・しげる・たる・たれ
炊	スイ・たく・とぎ・とく
枢	スウ・シュ・かなめ
性	セイ・ショウ・さが・なり・もと
青	セイ・ショウ・あお・はる
制	セイ・さだ・のり・おさむ
姓	セイ・ショウ・うじ・かばね
斉	セイ・サイ・きよ・なり・ひとし
齊	（十四画）
征	セイ・ショウ・そ・まさ・ゆき
昔	セキ・シャク・むかし・とき・ひさ
析	セキ・シャ・さく
拙	セツ・つたない

阻	ソ・はげむ・けわしい
宗	ソウ・シュウ・むね・たかし
卒	ソツ・シュツ・おわる
陀	ダ
苔	タイ・こけ
奈	ダイ・ナ・ナイ・いかん・なに
拓	タク・セキ・ひら・ひろ・ひろし
卓	タク・トク・すぐる・まさる・たかし
坦	タン
担	タン・かつぐ・になう
知	チ・しる・おき・ちか・つぐ・とも
治	チ・ジ・なおる・おさむ・はる
注	チュウ・そそぐ
忠	チュウ・きよし・ただし・なり
宙	チュウ・おき・そら・ひろし
抽	チュウ・ぬく・ひく
長	チョウ・おさ・なが・のぶ・ひさ
直	チョク・ジキ・ただち・すなお
枕	チン・まくら
定	テイ・ジョウ・さだ・つら・やす
邸	テイ・いえ・やしき
抵	テイ・あつ・やす・ゆき・いたる
底	テイ・そこ
泥	デイ・どろ・なずむ
的	テキ・チャク・まと・あきら
迪	テキ・ジャク・みち・いたる
迭	テツ
典	テン・デン・すけ・のり・みち・より
店	テン・みせ
宕	トウ
沓	トウ・くつ
東	トウ・ひがし・き・あずま・こち
到	トウ・ゆき・いたる
毒	ドク
突	トツ・つく・つきあたる
突	（九画）
乳	ニュウ・ジ・ちち・ち
念	ネン・おもい・おもう・むね
杷	ハ
波	ハ・なみ
拝	ハイ・おがむ
拜	（九画）
杯	ハイ・さかずき
盃	（九画）
拍	ハク・ヒョウ・うつ・たたく
泊	ハク・ビャク・とまる・とめる
迫	ハク・せまる・とお・しいる
板	ハン・バン・いた
版	ハン
枇	ヒ
披	ヒ・ひらく・あける・ひろめる
肥	ヒ・ビ・ゆたか・とし・とも・みつ
彼	ヒ・かれ・かの・のぶ・か
非	ヒ・そしる・あらず
弥	ビ・ミ・や・いや・いよ・ます・みつ
彌	（十七画）
泌	ヒツ・ヒ
表	ヒョウ・おもて・あき・すず・よし
苗	ビョウ・ミョウ・なえ・なり・みつ
阜	フ・おか
斧	フ・おの
府	フ・くら・もと
附	フ・ブ・つく・ちか・ます・より
怖	フ・こわい・おそれる
武	ブ・ム・いさむ・たけ・たけし
侮	ブ・あなどる
侮	（九画）
服	フク・ブク・つとめ・こと・もと
沸	フツ・わく・わかす
物	ブツ・モツ・もの・たね
併	ヘイ・ヒョウ・あわせる
並	ヘイ・なみ・ならぶ・ならびに
坪	ヘイ・ヒョウ・つぼ
歩	ホ・ブ・フ・あゆみ・すすむ
歩	（七画）
法	ホウ・ハッ・ホッ・つね・のり・おき
放	ホウ・はなす・はなつ・おき・ゆき
宝	ホウ・たから・たか・とみ・とも
抱	ホウ・ボウ・だく・いだく・もち
奉	ホウ・ブ・とも・な
泡	ホウ・あわ・うたかた
朋	ホウ・ボウ・とも
房	ボウ・ふさ・のぶ・へや
肪	ボウ・あぶら
茅	ボウ・かや・ち
牧	ボク・まき
奔	ホン・はしる
苺	マイ・いちご

妹 マイ・バイ・いもうと・いも
枚 マイ・バイ・かず・ひら・ふむ
沫 マツ・あわ
茉 マツ・バツ・ま・まち
抹 マツ・バツ・する・ぬる・こな
味 ミ・ビ・うまし・あじ・ちか
明 メイ・ミョウ・あき・あきら
命 メイ・ミョウ・いのち・みこと
免 メン・まぬがれる
茂 モ・ボウ・しげる・あり・しげ
孟 モウ・ボウ・はじめ・つとむ・たけ

盲 モウ
門 モン・かど・ゆき
夜 ヤ・よ・よる
油 ユ・ユウ・あぶら
侑 ユウ・ウ・すすむ・たすけ
林 リン・はやし・ふさ・もと・よし
例 レイ・たとえ・ただ・つね・さだめ
怜 レイ・リョウ・さと・さとし
炉 ロ・いろり
和 ワ・オ・やわらぐ・なごむ・かず
枠 わく

或 ワク・ある・あるいは

九画

娃 アイ
哀 アイ・あわれ・かなしい
按 アン
為 イ・これ・しげ・すけ・ため・なり
爲 （十二画）
威 イ・あきら・たか・たけ・たかし
胃 イ
畏 イ・おそれる・かしこまる
郁 イク・あや・か・かおる・ふみ
姻 イン・ゆかり

胤 イン・かず・たね・つぎ・つぐ
栄 エイ・はえ・さかえ・しげ・はる
榮 （十四画）
映 エイ・うつる・はえる・あき・てる
疫 エキ・ヤク
垣 エン・かき
皇 オウ・コウ・ノウ・きみ
屋 オク・や・いえ
音 オン・イン・おと・ね
珂 カ
珈 カ

迦 カ
科 カ・しな
架 カ・ケ・かける・たな・みつ
俄 ガ・にわか
臥 ガ・ふす
恢 カイ
海 カイ・うみ・み・あま
海 （十画）
界 カイ・さかい
皆 カイ・みな・とも・み
廻 カイ・めぐる・まわる

悔 カイ・ケ・くいる・くやむ
悔 （十画）
革 カク・かわ・あらためる
活 カツ・いく・いきる・いかす
括 カツ・くくる
柑 カン
冠 カン・かんむり
竿 カン・さお
看 カン・あきら・み・みる
巻 カン・ケン・まく・まき
卷 （八画）

紀 キ・おさむ・すみ・とし・はじめ
軌 キ・のり・わだち
祇 ギ
客 キャク・カク・ひと・まさ
逆 ギャク・ゲキ・さか・さからう
虐 ギャク・しいたげる
急 キュウ・せく・いそぐ
糾 キュウ・ただし・ただす
級 キュウ・しな
俠 キョウ
狭 キョウ・サ・せまい・せばまる

狭	（十画）
峡	キョウ・はざま
峡	（十画）
挟	キョウ・はさむ・はさまる
衿	キン・えり
軍	グン・いさ・すすむ
計	ケイ・はかる・はからう・かず
契	ケイ・ちぎる・ちぎり・ひさ
係	ケイ・かかる・かかり
型	ケイ・かた
勁	ケイ・つよい・かたい・するどい
奎	ケイ・キ
頁	ケツ・ページ
県	ケン・あがた・さと・むら
縣	（十六画）
研	ケン・とぐ・みがく・きわむ
建	ケン・コン・たてる・たつ・たけし
限	ゲン・かぎる
彦	ゲン・さと・ひこ・ひろ・よし
胡	コ・ひさ・えびす
故	コ・ゆえ・ふる
孤	コ・かず・とも・ひとり
弧	コ
枯	コ・かれる・からす
恰	コウ・あたかも
巷	コウ・ちまた
虹	コウ・にじ
厚	コウ・あつい・あつ・あつし
郊	コウ・おか・さと・ひろ
香	コウ・キョウ・か・かおり・よし
洸	コウ・ひかる・いさましい
洪	コウ・おお・ひろ
荒	コウ・あらい・あらす・あら
侯	コウ・きみ・よし
紅	コウ・ク・べに・くれない・あか
恒	コウ・ちか・つね・のぶ・ひさし
恆	（九画）
後	コウ・ゴ・のち・あと・ちか
拷	ゴウ
恨	コン・うらむ・うらめしい
査	サ・シャ・しらべる
砂	サ・シャ・すな・いさご
哉	サイ・か・かな・とし・ちか・や
砕	サイ・くだく・くだける
碎	（十三画）
昨	サク
削	サク・けずる・そぐ
柵	サク・しがらみ
拶	サツ
珊	サン
茨	シ・いばら
思	シ・おもい・おもう・す
柿	シ・かき
指	シ・ゆび・さす・むね
姿	シ・すがた・しな
施	シ・セ・はる・ます・もち
持	ジ・もつ・もち
室	シツ・むろ・いえ・へや
柘	シャ・つげ
卸	シャ・おろし
首	シュ・くび・かしら・かみ
狩	シュ・かり・もり
秋	シュウ・あき・とき・みのる
拾	シュウ・ジュウ・とお・ひと
臭	シュウ・くさい・におい
臭	（十画）
柊	シュウ・ひいらぎ
洲	シュウ・す・しま・くに
重	ジュウ・チョウ・しげ・のぶ・え
柔	ジュウ・ニュウ・なり・やす・やわ
祝	シュク・シュウ・いわい・のり
祝	（十画）
春	シュン・はる・あずま・あつ・とき
俊	シュン・すぐる・とし・まさる
洵	ジュン・シュン・まこと
盾	ジュン・たて
叙	ジョ・のぶ
敍	（十一画）
咲	ショウ・さく・さき
昭	ショウ・あき・あきら・てる
相	ショウ・ソウ・あい・たすく・すけ
省	ショウ・セイ・みる・み・よし
茸	ジョウ・たけ・きのこ
乗	ジョウ・のる・のせる・のり・あき
乘	（十画）
城	ジョウ・しろ・き・くに・しげ
浄	ジョウ・セイ・きよ・きよし
淨	（十一画）

食	ショク・ジキ・くう・たべる
拭	ショク・ぬぐう
神	シン・ジン・かみ・かん・こう・か
神	（十画）
信	シン・あき・しげ・のぶ・まこと
津	シン・つ
侵	シン・おかす
甚	ジン・シン・たね・しげ・やす
帥	スイ・ひきいる
是	ゼ・シ・これ・ただし・ゆき・よし
星	セイ・ショウ・ほし
政	セイ・ショウ・のぶ・のり・まさ
牲	セイ・いけにえ
窃	セツ・ぬすむ・ひそかに
浅	セン・あさ・あさい
穿	セン・うがつ・はく
宣	セン・すみ・つら・のぶ・のり・ひさ
専	セン・たか・もっぱら
專	（十一画）
洗	セン・きよ・あらう
染	セン・そめ・しみる
泉	セン・いずみ・きよし・みず
茜	セン・あかね・あか
前	ゼン・セン・まえ・さき・すすむ
祖	ソ・さき・のり・ひろ・もと
祖	（十画）
草	ソウ・くさ・しげ
荘	ソウ・ショウ・これ・たかし
莊	（十画）
奏	ソウ・かなでる・すすむ
送	ソウ・おくる
則	ソク・つね・とき・のり・みつ
促	ソク・うながす・ゆき
俗	ゾク・ならい・よ・みち
待	タイ・まつ・なが・まち
退	タイ・しりぞく・のり・のく
耐	タイ・たえる・つよし・とう
怠	タイ・おこたる・なまける
胎	タイ・はらむ
殆	タイ・ほとんど・あやうい
単	タン・ひとえ・ひとり・ただ
單	（十二画）
炭	タン・すみ
胆	タン・きも
段	ダン
茶	チャ・サ
昼	チュウ・あきら・ひる
晝	（十一画）
柱	チュウ・はしら
衷	チュウ・あつ・ただ・ただし
挑	チョウ・いどむ・さそう
勅	チョク・みことのり・とき
珍	チン・めずらしい
追	ツイ・おう
訂	テイ・ただ・ただす
貞	テイ・さだ・ただし・ただす
帝	テイ・タイ・みかど
亭	テイ・チョウ・チン・とまる
姪	テツ・めい
点	テン
度	ド・ト・タク・たび・ただ・のり
怒	ド・ヌ・いかる・おこる
逃	トウ・にげる・のがれる
洞	ドウ・トウ・ほら・たに
峠	とうげ
独	ドク・ただ・ひとり
栃	とち
南	ナン・ナ・みなみ・あけ
祢	ネ
禰	（十九画）
派	ハ・わかれ
背	ハイ・せ・せい・そむく
肺	ハイ
盃	ハイ・さかずき
珀	ハク
柏	ハク・かしわ
畑	はた・はたけ
発	ハツ・ホッ・おき・ちか・なり
飛	ヒ・とぶ・たか
卑	ヒ・いやしい
卑	（八画）
美	ビ・うまし・きよし・よし・み
眉	ビ・まゆ
毘	ビ
秒	ビョウ
品	ヒン・ホン・しな・かず・ただ・のり
負	フ・おう・まける・まかす
赴	フ・おもむく

風 フウ・フ・かぜ・かさ
封 フウ・ホウ・つつむ
柄 ヘイ・ヒョウ・がら・え・つか
変 ヘン・かわる・かえる
便 ベン・ビン・たより・やす
保 ホ・ホウ・たもつ・もり・やす
姥 ボ・うば
胞 ホウ・えな
冒 ボウ・おかす・おおう
昴 ボウ・すばる
某 ボウ・それがし

勃 ボツ
盆 ボン
昧 マイ・くらい
柾 まさ
俣 また
迷 メイ・まどう
面 メン・おも・おもて・も・つら
籾 もみ
耶 ヤ
約 ヤク・なり
勇 ユウ・いさむ・いさ・いさみ

祐 ユウ・ウ・さち・たすく・すけ
祐 (十画)
幽 ユウ・くらい・かすか
柚 ユウ・ユ・ゆず
宥 ユウ・すけ・ゆるす・ひろ
要 ヨウ・いる・かなめ・もとめ・もと
洋 ヨウ・うみ・ひろ・ひろし
洛 ラク
俐 リ
律 リツ・リチ・ただし・のり
柳 リュウ・やなぎ

侶 リョ
亮 リョウ・あきら・すけ・たすく
厘 リン
玲 レイ・リョウ・あきら
郎 ロウ・お
郞 (十画)

十画

挨 アイ
案 アン・つくえ
晏 アン・おそ・さだ・はる・やす
院 イン
員 イン・エン・かず・かかり
烏 ウ・からす・いずくんぞ
益 エキ・ヤク・まし・ます・すすむ
悦 エツ・のぶ・よろこぶ
俺 エン・おれ
宴 エン・よし・うたげ・やす

桜 オウ・さくら
櫻 (二十一画)
翁 オウ・おきな・おい・とし
恩 オン・おき・めぐみ
荷 カ・に・もち
家 カ・ケ・や・いえ・やか
夏 カ・ゲ・なつ
華 カ・ケ・ゲ・はな
峨 ガ
桧 カイ・ひのき・ひ
檜 (十七画)

害 ガイ・そこなう
格 カク・コウ・いたる・ただ・のり
核 カク・さね
陥 カン・おちいる
陷 (十一画)
栞 カン・しおり
莞 カン
起 キ・おき・かず・たつ
記 キ・しるす・のり・なり
帰 キ・かえる・かえす・もと
既 キ・すでに

姫 キ・ひめ
鬼 キ・おに
飢 キ・うえる
桔 キツ・キチ
笈 キュウ・おい
宮 キュウ・ク・グウ・みや・いえ
赳 キュウ・ク・つよい・たけ
挙 キョ・あげる・たか
恭 キョウ・たかし・やすし・ゆき・よし
胸 キョウ・むね・むな
恐 キョウ・おそれる・おそろし

脅　キョウ・おどす
莢　キョウ・さや
脇　キョウ・わき
倶　ク・ともに
矩　ク・のり・おきて・みち・やす
訓　クン・くに・のり・おしえ
郡　グン・こおり・くに・とも
恵　ケイ・え・めぐみ・あや・しげ・やす
惠　（十二画）
桂　ケイ・ケ・かつら
倹　ケン

儉　（十五画）
倦　ケン・うむ
兼　ケン・かねる・かぬ・かね・とも
拳　ケン・こぶし・たかし・つとむ
剣　ケン・つるぎ
劍　（十五画）
軒　ケン・のき
原　ゲン・はら・もと・はじめ
庫　コ・ク・くら
個　コ・カ
悟　ゴ・さとる・さと・さとし

娯　ゴ・グ・たのしむ
桁　コウ・けた
倖　コウ・さいわい・したしむ
高　コウ・たかい・あきら・すけ・たか
校　コウ・キョウ・とし・ただす・なり
航　コウ・つら・わたる
候　コウ・そうろう・とき・よし
耕　コウ・たがやす・おさむ・つとむ
降　コウ・ふる・おりる・おろす
紘　コウ・ひろ・ひろし
晃　コウ・あき・あきら・てる・ひかる

晄
浩　コウ・ひろ・ひろし
貢　コウ・ク・みつぐ・すすむ・つぐ・みつ
剛　ゴウ・かた・こわし・たけ・つよし
骨　コツ・ほね
根　コン・ね
差　サ・さす・すけ
紗　サ・シャ
唆　サ・そそのかす
座　ザ・すわる・とこ・せき・くら
栽　サイ・うえる

宰　サイ・おさむ・つかさ・ただ
晒　サイ・さらす
柴　サイ・しば
財　ザイ・サイ・たから
剤　ザイ
朔　サク・ついたち・はじめ
索　サク・もと
窄　サク・すぼめる
殺　サツ・サイ・ころす・そぐ
桟　サン・かけはし
蚕　サン・かいこ

残　ザン・のこる・のこす
紙　シ・かみ
師　シ・かず・おさ・のり・もろ
脂　シ・あぶら
砥　シ・と
時　ジ・とき・ゆき・よし・はり・はる
疾　シツ・やまい・はやい
射　シャ・セキ・いる・い
借　シャク・セキ・かり
酌　シャク・くむ
弱　ジャク・ニャク・よわい

酒　シュ・さけ・さか
株　シュ・かぶ・もと・より
殊　シュ・こと・よし
珠　シュ・ジュ・たま
修　シュウ・シュ・おさむ・さね・すけ
袖　シュウ・そで
紐　ジュウ・チュウ・ひも
従　ジュウ・したがう・つぐ
從　（十一画）
峻　シュン・けわし・たかし・きびしい
隼　シュン・ジュン・はや・とし

純　ジュン・シュン・すみ・まこと・よし
准　ジュン・シュン・ひとし・のり
殉　ジュン・したがう
書　ショ・かく・のぶ・のり・ふみ
徐　ジョ・やす・おもむろ
除　ジョ・ジ・のぞく・きよ・さる
恕　ジョ・ゆるす
哨　ショウ
称　ショウ・かみ・な・のり・よし・みつ
笑　ショウ・わらう・えみ・え
祥　ショウ・あきら・さき・さち・ただ

祥	（十一画）
将	ショウ・すけ・すすむ・まさ・ゆき
將	（十一画）
宵	ショウ・よい
消	ショウ・きえる・けす
症	ショウ
娘	ジョウ・むすめ
辱	ジョク・はずかしめる
振	シン・ふる・のぶ・ふり
針	シン・はり
真	シン・ま・さな・まこと・まさ
眞	（十画）
晋	シン・くに・すすむ
唇	シン・くちびる
娠	シン・はらむ
浸	シン・ひたす・ひたる
秦	シン・はた
陣	ジン・そなえ
訊	ジン・たずねる
粋	スイ・いき・きよ・ただ
粹	（十四画）
衰	スイ
凄	セイ・すごい・すさまじい
栖	セイ・すむ・すみか
逝	セイ・ゆく
晟	セイ・ジョウ・あきら・さかん
席	セキ・すけ・のぶ・やす・より
隻	セキ・かた
屑	セツ・くず・いさぎよい
扇	セン・おうぎ
栓	セン
閃	セン・ひらめく
租	ソ・つむ・みつぐ
素	ソ・ス・しろ・もと・はじめ
倉	ソウ・くら
挿	ソウ・さす
桑	ソウ・くわ
捜	ソウ・さがす
搜	（十三画）
造	ゾウ・ソウ・つくる・いたる・なり
速	ソク・はや・はやし・ちか
息	ソク・いき・おき・やす
捉	ソク・とらえる
孫	ソン・まご・ただ・ひこ
帯	タイ・おび・おびる
帶	（十一画）
泰	タイ・ひろし・やすし・ゆたか
託	タク・つげ・より
啄	タク・ついばむ
耽	タン・ふける
致	チ・いたす・いたる・むね・ゆき
値	チ・ね・あたい
恥	チ・はじ・はずかしい
畜	チク
逐	チク・おう
秩	チツ・ちち・さとし・つね
酎	チュウ
朕	チン
砧	チン・きぬた
通	ツウ・ツ・とおる・みち・ゆき
挺	テイ
釘	テイ・くぎ
庭	テイ・にわ・なお・ば
悌	テイ・ダイ・やすし・よし
逓	テイ・たがいに・めぐる
荻	テキ・おぎ
哲	テツ・あき・あきら・さとし・のり
展	テン・のぶ・ひろ
徒	ト・かち・とも
途	ト・ズ・みち・とう
套	トウ
島	トウ・しま
嶋	（十四画）
党	トウ・まさ・くみ
透	トウ・すかす・すく・とおる
唐	トウ・から・ひろし
桃	トウ・もも
桐	トウ・ドウ・きり・ひさ
討	トウ・うつ
凍	トウ・こおる・こごえる
倒	トウ・たおれる・たおす
胴	ドウ
特	トク・こと
匿	トク
能	ノウ・たか・とう・のり・むね・よし
納	ノウ・ナッ・ナ・トウ・おさむ・のり
悩	ノウ・なやむ・なやます
破	ハ・やぶる・やぶれる

馬 バ・メ・ま・うま
俳 ハイ
配 ハイ・あつ・とも・くばる
倍 バイ・べ・ます
梅 バイ・うめ・め
梅 (十一画)
唄 バイ・うた
畠 ハク・はたけ・はた
畔 ハン・あぜ・くろ
班 ハン・わける・ひとし・なか
般 ハン・めぐる

挽 バン・ひく
秘 ヒ・ひめる
祕 (十画)
被 ヒ・こうむる・かぶる
疲 ヒ・つかれる
豹 ヒョウ
秤 ヒョウ・はかり
俵 ヒョウ・たわら
病 ビョウ・ヘイ・やむ・やまい
浜 ヒン・はま
敏 ビン・さと・とし・はや・はる・よし

敏 (十一画)
浮 フ・うく・うかぶ・うき・ちか
釜 フ・かま
粉 フン・こ・こな
紛 フン・まぎれる
蚊 ブン・か
陛 ヘイ・きざはし
娩 ベン
勉 ベン・すすむ・まさる・つとむ
勉 (九画)
畝 ホ・せ・うね・あぜ

浦 ホ・フ・うら
捕 ホ・とらえる
圃 ホ・はたけ
俸 ホウ・ふち
峰 ホウ・フ・みね・たか・たかし
峯 (十画)
倣 ホウ・より・ならう
砲 ホウ
紡 ボウ・ホウ・つむ・つなぐ
剖 ボウ・ホウ・さく・わける
埋 マイ・うめる・うまる

莫 マク・バク・なし・ながれ
冥 メイ・くらい
脈 ミャク・すじ
眠 ミン・ねむる・ねむり
耗 モウ・コウ・ボウ・へる
紋 モン・あや
容 ヨウ・かた・やす・いる・ひろし
浴 ヨク・あびる
莉 リ
哩 リ
浬 リ

栗 リツ・くり
流 リュウ・ル・はる・とも
竜 リュウ・リョウ・たつ・とおる
龍 (十六画)
留 リュウ・ル・とめる・とめ
旅 リョ・たび・もろ
料 リョウ・かず
凌 リョウ・しのぐ
倫 リン・つぐ・つね・とし・とも・のり・ひと
涙 ルイ・なみだ
淚 (十一画)

烈 レツ・たけ・つら・やす・あきら
連 レン・つぎ・つら・まさ・やす
恋 レン・こい・こいしい
朗 ロウ・あき・あきら・ほがらか
朗 (十一画)
狼 ロウ・おおかみ
浪 ロウ・なみ
倭 ワ・イ・かず・やまと・しずやす

十一画

悪 アク・オ・わるい・あし
惡 (十二画)
庵 アン・いお・いおり
移 イ・わたる・うつる・のぶ
尉 イ・やす・じょう
異 イ・ことなる
惟 イ・ユイ・ただ・これ・この
域 イキ・さかい・くに・むら
逸 イツ・とし・はや・やす・すぐる
逸 (十二画)

寅	イン・とら・つら・のぶ・ぶさ
陰	イン・オン・かげ・かげる
液	エキ
淵	エン・ふち
凰	オウ・おおとり
黄	オウ・コウ・き
黃	(十二画)
貨	カ・たか
菓	カ
械	カイ・かせ・かし
掛	カイ・ケ・かけ・かかり
晦	カイ・みそか・つごもり
崖	ガイ・がけ
涯	ガイ・はて・かぎり・きし
殻	カク・から
郭	カク・くるわ・ひろ
渇	カツ・かわく
渴	(十二画)
喝	カツ・しかる
乾	カン・ケン・かわく・すすむ・たけし
勘	カン・さだ・かんがえる
菅	カン・すげ・すが
貫	カン・ぬく・つら・ぬき・やす
患	カン・ゲン
眼	ガン・ゲン・め・まなこ
崎	キ・さき・みさき
埼	キ・さき
寄	キ・よる・より・よせる
基	キ・もと・はじめ・はじむ
規	キ・ただ・ただす・ちか・のり・もと
亀	キ・かめ・ひさ・ひさし
偽	ギ・にわ・いつわる
僞	(十四画)
菊	キク・あき・ひ
掬	キク・すくう・むすぶ
脚	キャク・キャ・あし
球	キュウ・たま
救	キュウ・ク・すくう・すけ・たすく
毬	キュウ・まり・いが
据	キョ・コ・すえる
許	キョ・コ・ゆるす・ばかり・もと
虚	キョ・コ・むなしい
虛	(十二画)
魚	ギョ・うお・お・さかな
強	キョウ・ゴウ・たけ・つよし
教	キョウ・おしえる・のり・みち
郷	キョウ・ゴウ・さと・あきら
菌	キン
菫	キン・すみれ
偶	グウ・ならぶ・とも・ます
堀	クツ・コツ・ほり
掘	クツ・コツ・ほる
袈	ケ・カ
啓	ケイ・あきら・さとし・はじめ
頃	ケイ・ころ
蛍	ケイ・ほたる
経	ケイ・キョウ・へる・つね・のぶ・のり・おさむ
渓	ケイ・たに
掲	ケイ・かかげる
揭	(十二画)
訣	ケツ・わかれる
健	ケン・すこやか・たけ・たつ・つよし
険	ケン・けわしい
險	(十六画)
牽	ケン・ひく
捲	ケン・まく
現	ゲン・ケン・あらわれる・あり
絃	ゲン・いと・お・ふさ
舷	ゲン・ふなばた
袴	コ・はかま
梧	ゴ・あおぎり
梗	コウ
康	コウ・やすし・やす・みち
控	コウ・ひかえる
黒	コク・くろ・くろい
黑	(十二画)
皐	コウ・すすむ・たかし
惚	コツ・ほれる・ぼける
混	コン・まじる・まざる・ひろ・むら
紺	コン
婚	コン
祭	サイ・まつる・まつり
菜	サイ・な
砦	サイ・とりで
細	サイ・ほそ・ほそい・こまかい
採	サイ・とる
済	サイ・セイ・すむ・すみ・ただ・なり
斎	サイ・きよ・とき・よし

彩	サイ・いろどる・あや・いろ
笹	ささ
産	サン・うむ・うぶ・ただ
惨	サン・ザン・みじめ・むごい
視	シ・み・みる
視	（十二画）
梓	シ・シン・あずさ
偲	シ・しのぶ・かしこい
雫	しずく
執	シツ・シュウ・とる・もり
悉	シツ・つくす・ことごとく
捨	シャ・すて・すてる・えだ
斜	シャ・ななめ
這	シャ・はう
赦	シャ・ゆるす
蛇	ジャ・ダ・へび
釈	シャク・セキ・とく
寂	ジャク・シャク・セキ・さび
雀	ジャク・すずめ
授	ジュ・さずける・さずく
終	シュウ・シュ・おわる・おえる
習	シュ・ジュウ・ならい・しげ
脩	シュウ・シュ・おさむ・すすむ
週	シュウ・めぐる
渋	ジュウ・しぶ・しぶい
澁	（十五画）
宿	シュク・スク・やど・いえ
粛	シュク・かた・かね・すみ・ただ
淑	シュク・きよし・すみ・とし・よし
術	ジュツ・みち・やす・わざ・すべ
淳	ジュン・あつ・あつし・きよし
庶	ショ・ちか・もり・もろ
渚	ショ・なぎさ
渚	（十二画）
商	ショウ・あき・あつ・ひさ
唱	ショウ・となえる・うた
章	ショウ・あきら・あや・たか・のり
渉	ショウ・わたる・たか
涉	（十画）
紹	ショウ・あき・つぎ・つぐ
梢	ショウ・こずえ・すえ
訟	ショウ・うったえる
捷	ショウ・はやい・かつ・とし
笙	ショウ
菖	ショウ・あやめ
常	ジョウ・つね・とこ・とき・ひさ
情	ジョウ・セイ・さね・もと
剰	ジョウ・あまる・のり・ます
剩	（十二画）
埴	ショク・はに
進	シン・すすむ・のぶ・みち・ゆき
深	シン・ふかい・ふかし・み
紳	シン
晨	シン・あした・とき・あき
推	スイ・おす
酔	スイ・よう
醉	（十五画）
彗	スイ・さとし・ほうき
崇	スウ・ス・シュウ・たかし・たか
清	セイ・ショウ・きよし・すが・すみ
盛	セイ・ジョウ・もり・しげる
戚	セキ
惜	セキ・おしむ・いたむ
責	セキ・シャク・せめる
雪	セツ・ゆき・きよ・そそぐ
設	セツ・もうける・おき・のぶ
接	セツ・ショウ・つぐ・つなぐ・つら
釧	セン・くしろ
船	セン・ふね・ふな
旋	セン・めぐる・まわる・まわす
組	ソ・くみ・くむ
措	ソ・おく
粗	ソ・あらし
曽	ソ・ソウ・ます・かって
曾	（十二画）
窓	ソウ・まど
巣	ソウ・す
巢	（十一画）
掃	ソウ・はく・のぶ
曹	ソウ・ゾウ・つかさ
爽	ソウ・さわやか・あきら
側	ソク・ショク・かわ・そば
族	ゾク・つぎ・つぐ・やから
舵	ダ
梛	ダ・なぎ
堆	タイ・うずたかい
袋	タイ・ふくろ
逮	タイ・およぶ

第	ダイ・テイ・ただ・つぎ・やしき
琢	タク・みがく
琢	（十二画）
脱	ダツ・ぬぐ・ぬげる
探	タン・さがす・さぐる
淡	タン・あわ・あわい
断	ダン・たつ・さだむ・ことわる
窒	チツ
紬	チュウ・つむぎ・つむぐ
著	チョ・あらわす・あき・つぐ・つく
著	（十二画）
猪	チョ・い・しし・いのしし
猪	（十二画）
鳥	チョウ・とり
頂	チョウ・いただく・かみ
張	チョウ・はり・はる
帳	チョウ・とばり・まく
彫	チョウ・ほり・ほる
眺	チョウ・ながめ
釣	チョウ・つり
陳	チン・つら・のべる
偵	テイ・うかがう・さぐる
逞	テイ・たくましい
梯	テイ・はしご
停	テイ・とまる
笛	テキ・ふえ
転	テン・ころがる・うつる・ひろ
轉	（十八画）
添	テン・そえる・そう
淀	デン・よど・よどむ
都	ト・ツ・みやこ・くに・さと
都	（十二画）
兜	ト・かぶと
萄	トウ・ドウ
桶	トウ・おけ
陶	トウ・すえ
逗	トウ・とどまる
盗	トウ・ぬすむ
盜	（十二画）
悼	トウ・いたむ
堂	ドウ・たかどの・たか
動	ドウ・うごく・いつ
得	トク・える・うる・あり・なり・のり
惇	トン・ジュン・あつし・まこと
豚	トン・ぶた
捺	ナツ・おす
軟	ナン・やわらか
粘	ネン・ねばる
捻	ネン・ひねる
脳	ノウ
婆	バ・ばば
敗	ハイ・やぶれる
排	ハイ・ひらく・ならぶ
培	バイ・つちかう・ます
陪	バイ・かさなる・そう
舶	ハク・ふね
販	ハン・ひさ・あきなう
絆	ハン・バン・きずな
梶	ビ・かじ
畢	ヒツ・おわる
票	ヒョウ
彪	ヒョウ・あきら・あや・たけ・つよし
描	ビョウ・えがく
猫	ビョウ・ねこ
彬	ヒン・さかん・あきら
貧	ビン・ヒン・まずしい
婦	フ・おんな
符	フ・わりふ
部	ブ・べ・わける・つかさ
副	フク・フ・すえ・すけ・そう
瓶	ヘイ・ビョウ・ビン・かめ
閉	ヘイ・とざす
偏	ヘン・かたよる・とも
菩	ボ・ホ
逢	ホウ・あう
萌	ホウ・ボウ・きざす・もえる・はじめ
萠	
訪	ホウ・おとずれる
崩	ホウ・くずす・くずれる
捧	ホウ・ささげる
望	ボウ・モウ・のぞむ・み・もち
眸	ボウ・ひとみ
麻	マ・あさ・ぬさ・お
密	ミツ・みち・ひそか
務	ム・かね・つとむ・なか・みち
猛	モウ・たけ・たえる・たけし
椛	もみじ
問	モン・とう・とい・とん

野 ヤ・の

埜 （十一画）

訳 ヤク・わけ・つぐ

唯 ユイ・イ・スイ・ただ

郵 ユウ・ユ

悠 ユウ・ちか・ひさし・ゆ・はるか

庸 ヨウ・つね・のぶ・もち・やす

翌 ヨク・あきら

欲 ヨク・ほっする・ほしい

萊 ライ

徠 ライ・くる・きたす

理 リ・あや・のり・おさむ・ただ

梨 リ・なし

陸 リク・おか・たかし・くが

率 リツ・リチ・ソツ・ひきいる

掠 リャク・かすめる

略 リャク・はぶく・ほぼ

笠 リュウ・かさ

粒 リュウ・つぶ

隆 リュウ・たかし

琉 リュウ・ル

涼 リョウ・すずしい・すずむ

凉 （十画）

猟 リョウ・かり

菱 リョウ・ひし

梁 リョウ・へり・やな

陵 リョウ・おか・みささぎ

崚 リョウ

淋 リン・さびしい

累 ルイ・かさねる・しきりに

羚 レイ

鹿 ロク・しか

十二画

握 アク・もち・にぎる

渥 アク・あつ・あつし

椅 イ

葦 イ・あし・よし

偉 イ・えらい・いさむ・より

飲 イン・オン・のむ

運 ウン・かず・ゆき・めぐる

雲 ウン・くも

営 エイ・いとなむ・のり

瑛 エイ・あきら

詠 エイ・よむ・うた・かぬ・なが

越 エツ・こす・こえる・お・こえ・こす

援 エン・すけ

媛 エン・ひめ・うつくしい

堰 エン・せき

焰 エン・ほのお

奥 オウ・おく・すみ・ふか

奧 （十三画）

温 オン・あたたか・あつし・はる・みつ

溫 （十三画）

渦 カ・うず

過 カ・すぎる・あやまち

賀 ガ・のり・ます・よし

絵 カイ・え

開 カイ・ひらく・あく・ひら・はる

階 カイ・きざ・はし・とも・はし・より

堺 カイ・さかい

街 ガイ・カイ・まち

凱 ガイ・かちどき・たのし・とき

覚 カク・おぼえ・あき・さだ・さと

割 カツ・わる・わり・さく

葛 カツ・くず・かずら・つづら

筈 カツ・はず

間 カン・ケン・あいだ・ま・はざま

寒 カン・さむい・さむ

堪 カン・たえる・たえ

閑 カン・しず・のり・もり・やす

敢 カン・いさみ・いさむ・つよし

款 カン・まごころ・まこと・ただ

喚 カン・よぶ

換 カン・かえる・かわる

棺 カン・ひつぎ

雁 ガン・かり・かりがね

喜 キ・よろこぶ・のぶ・はる・よし

期 キ・ゴ・あう・とき・のり

貴 キ・たっとい・あつ・たか・たけ

幾 キ・いく・ちか・ちかし・のり

揮 キ・ふるう・ふるい

棋 キ・ギ

葵 キ・ギ・あおい・まもる

稀 キ・まれ

欺 ギ・あざむく

喫 キツ・のむ

給 キュウ・たまう・たり

距	キョ・へだてる
御	ギョ・ゴ・おん・のり・み
喬	キョウ・すけ・たかし・ただ・もと
暁	ギョウ・あかつき・あき・とき・とし
曉	（十六画）
極	キョク・ゴク・きわめる・きわみ
勤	キン・ゴン・つとむ・のり・ゆき
勤	（十三画）
筋	キン・すじ
琴	キン・こと
欽	キン・したう・ひとし・まこと
喰	くう・くらう
寓	グウ
遇	グウ・あう・はる
隅	グウ・すみ
卿	ケイ
景	ケイ・キョウ・かげ・あきら
軽	ケイ・キョウ・かるい・とし
敬	ケイ・キョウ・あき・たか・のり
戟	ゲキ・ほこ
結	ケツ・ゆう・むすぶ・かた
検	ケン・しらべる・け
檢	（十七画）
堅	ケン・かた・かたい・たか・つよし
圏	ケン
圈	（十一画）
絢	ケン・シュン・ジュン・あや
萱	ケン・かや
硯	ケン・すずり
喧	ケン・やかましい
減	ゲン・へる・へらす
琥	コ
湖	コ・みずうみ・ひろし
雇	コ・やとう
腔	コウ
皓	コウ・しろい・ひかる・あきら
硬	コウ・かたい・かた
項	コウ・うなじ
港	コウ・みなと
絞	コウ・しぼる・しめる
慌	コウ・あわてる
詐	サ・いつわる
犀	サイ・セイ
最	サイ・も・たかし・まさる
裁	サイ・たつ・さばく
策	サク・はかる・かず・もり
酢	サク・す
散	サン・ちる・ちらす
傘	サン・かさ
詞	シ・ことば・なり・のり・こと
斯	シ・これ・この・かく・ここに
紫	シ・むらさき・むら
歯	シ・は・よわい
滋	ジ・しげる・しげ・まさ
軸	ジク・まきもの
湿	シツ・しめる・うるおす
濕	（十七画）
煮	シャ・に・にる
煮	（十三画）
惹	ジャク・ひく
須	シュ・ス・まつ・もち・もとむ
集	シュウ・つどう・あい・ため・ちか
就	シュウ・ジュ・つく・なり・なる
衆	シュウ・シュ・とも・ひろ・もり
萩	シュウ・はぎ
葺	シュウ・ふく
粥	シュク・イク・かゆ
竣	シュン・おわる
順	ジュン・あり・おさむ・みち・より
閏	ジュン・うるう
循	ジュン・みつ・よし・めぐる
暑	ショ・あつい
暑	（十三画）
湘	ショウ
勝	ショウ・かつ・まさる・すぐる
証	ショウ・セイ・あきら・しるし
象	ショウ・ゾウ・かた・きさ・のり
掌	ショウ・つかさどる
翔	ショウ・かける・とび・とぶ
粧	ショウ・ソウ
詔	ショウ・みことのり
晶	ショウ・あき・あきら
焼	ショウ・やく・やける
燒	（十六画）
焦	ショウ・こがす・あせる
硝	ショウ
場	ジョウ・ば
畳	ジョウ・たたみ・かさねる

疊 （二十二画）
植 ショク・うえ・たね
殖 ショク・ふえる・ふやす
森 シン・もり・しげる
診 シン・みる
尋 ジン・たずねる・ちか・のり・ひろ
遂 スイ・とげる・ついに
随 ズイ・あや・みち・ゆき・より・よる
惺 セイ
甥 セイ・おい
棲 セイ・すむ

貰 セイ・もらう
晴 セイ・はれる・なり・はる
婿 セイ・むこ
税 ゼイ・おさむ・ちから・みつぎ
絶 ゼツ・たえる・たつ
揃 セン・そろい・そろえる
然 ゼン・ネン・しか・もえる・のり
善 ゼン・よい・たる・よし
疏 ソ
訴 ソ・うったえる
疎 ソ・うとい・あらい・まばら

創 ソウ・ショウ・はじめ・きず
装 ソウ・ショウ・よそおう
裝 （十三画）
惣 ソウ・のぶ・ふさ・おさむ
喪 ソウ・も・うしなう
葬 ソウ・とむらう
湊 ソウ・みなと
測 ソク・はかる・ひろ
粟 ゾク・あわ
属 ゾク・つら・まさ・やす
尊 ソン・たか・たかし・みこと

巽 ソン・たつみ・ゆく・よし
惰 ダ・おこたる
堕 ダ・おちる
貸 タイ・かす
替 タイ・かえる
隊 タイ
達 タツ・ダチ・いたる・すすむ・みち
湛 タン・たたえる
短 タン・みじかい
弾 ダン・ひく・たま・ただ・はずむ
彈 （十五画）

智 チ・さとる・とも・さと・もと
遅 チ・おそい・おくれる
筑 チク
着 チャク・きる・つく
註 チュウ
厨 チュウ・くりや
貯 チョ・たくわえる
超 チョウ・こえる・こす・おき
朝 チョウ・あさ・はじめ・とも・とき
脹 チョウ
喋 チョウ・しゃべる

塚 チョウ・つか
椎 ツイ・しい
痛 ツウ・いたむ・いためる
提 テイ・さげる
堤 テイ・つつみ
程 テイ・ほど・しな・のり・はかる
貼 テン・チョウ・はる
渡 ト・わたる・ただ
堵 ト
董 トウ・ただす
答 トウ・こたえ・さと・とし

等 トウ・ひとし・しな・とも・ら
登 トウ・ト・のぼる・たか・のり
棟 トウ・むね・やね・たかし
統 トウ・すべる・おさ
搭 トウ・うつ・のる
湯 トウ・ゆ
筒 トウ・つつ
痘 トウ・もどき
塔 トウ
道 ドウ・トウ・みち・つね・のり
童 ドウ・わらべ

敦 トン・タイ・あつし・おさむ・つとむ
鈍 ドン・にぶい・にぶる
琶 ハ
廃 ハイ・すたる
買 バイ・かう
媒 バイ・なかだち
博 ハク・バク・ひろし・ひろむ・ひろ
飯 ハン・めし・いい
斑 ハン・ふ・まだら・ぶち
番 バン・つぎ・つら・つがい
晩 バン・おそい・ゆうぐれ

晩 （十一画）	蛮 バン・えびす	斐 ヒ・あや	悲 ヒ・かなし	扉 ヒ・とびら	費 ヒ・ついやす	備 ビ・そなえ・とも・まさ	琵 ビ	筆 ヒツ・ふで	評 ヒョウ・ただ・はかる	富 フ・フウ・とむ・とみ・ひさ・ふく
冨 （十一画）	普 フ・ひろ・ゆき	復 フク・あつし・また・もち	幅 フク・はば	雰 フン	焚 フン・たく	塀 ヘイ	遍 ヘン・ゆき・あまねし	葡 ホ・ブ	募 ボ・つのる	補 ホウ・フ・すけ・たすく
報 ホウ・つぐ・むくいる・しらせ	棚 ホウ・たな	棒 ボウ・つえ	帽 ボウ	貿 ボウ・かえる	傍 ボウ・かたわら・そば	満 マン・みちる・みたす・あり・みつ	無 ム・ブ・ない	愉 ユ・たのし・よろこぶ	遊 ユウ・ユ・あそぶ・なが・ゆき	釉 ユウ・うわぐすり
雄 ユウ・お・おす・かつ・たか・たけ	裕 ユウ・すけ・ひろし・やす・ゆたか	猶 ユウ・さね・なお・のり・より	湧 ユウ・わく	陽 ヨウ・あき・あきら・きよし・ひ	葉 ヨウ・は・のぶ・ば・ふさ・よ	遥 ヨウ・はるか	遙 （十四画）	揺 ヨウ・ゆれる・ゆらぐ・ゆする	搖 （十三画）	揚 ヨウ・あがる・あき・たか・のぶ
絡 ラク・からむ・つら・なり	落 ラク・おちる・おとす	嵐 ラン・あらし	痢 リ	裡 リ・うち	硫 リュウ	量 リョウ・はかる・かず・とも・かさ	椋 リョウ・むく・くら・くれ	琳 リン	塁 ルイ・かさ・たか・とりで	壘 （十八画）
裂 レツ・さく・さける	廊 ロウ	廊 （十三画）	禄 ロク・さち・とし・よし	祿 （十三画）	隈 ワイ・くま	惑 ワク・まどう	腕 ワン・うで	湾 ワン	椀 ワン・まり	
十三画	愛 アイ・いつくしむ・めぐむ・よし	暗 アン・くらい	意 イ・おき・おさ・むね・もと・よし	違 イ・ちがう	溢 イツ・あふれる	遠 エン・オン・とおい・とお	園 エン・オン・その	薗 （十六画）	塩 エン・しお	猿 エン・さる
煙 エン・けむり・けむる	鉛 エン・なまり	嘩 カ・かまびすしい	暇 カ・ひま	靴 カ・くつ	嫁 カ・よめ・とつぐ	禍 カ・わざわい	禍 （十四画）	雅 ガ・まさ・みやび・もと・なり	解 カイ・ゲ・とく・とき・ひろ	塊 カイ・かたまり

該　ガイ・かぬ・かね
慨　ガイ・なげく
蓋　ガイ・ふた・おおう
隔　カク・へだてる
較　カク・コウ・くらべる
塙　カク・はなわ
楽　ガク・ラク・たのし・もと
樂　(十五画)
滑　カツ・コツ・すべる・なめらか
褐　カツ
漢　カン・から・くに

漢　(十四画)
感　カン・かんじ・おもい
幹　カン・みき・えだ・つね・もと・よし
勧　カン・すすめる・ゆき
寛　カン・のぶ・のり・ひろ・ゆたか
寬　(十四画)
頑　ガン・かたくな・かたいじ
暉　キ・ひかり・てる・かがやく・あき
棄　キ・すてる
義　ギ・いさ・とも・のり・よし
詰　キツ・つめる・つまる

厩　キュウ・うまや
鳩　キュウ・はと
裾　キョ・すそ
業　ギョウ・ゴウ・わざ・なり・のり
禁　キン
禽　キン・とり・とりこ
僅　キン・わずか
虞　グ・おそれ・はるか・すけ
愚　グ・おろか
窟　クツ・いわや
群　グン・むれる・むれ・むら・とも

詣　ケイ・いたる・もうでる
継　ケイ・つぐ・つぎ・つね・ひで
携　ケイ・たずさえる
傾　ケイ・かたむく
隙　ゲキ・ひま・すき
傑　ケツ・すぐる・たかし・たけし
絹　ケン・きぬ・まさ
献　ケン・コン・すすむ
遣　ケン・つかう・つかわす
嫌　ケン・ゲン・きらう
源　ゲン・みなもと・はじめ・もと

誇　コ・ほこり・ほこる
鼓　コ・つづみ
跨　コ・またぐ・またがる
瑚　コ
碁　ゴ
鉱　コウ・かね
煌　コウ・きらめく
幌　コウ・ほろ
溝　コウ・みぞ
滉　コウ
嵯　サ

裟　サ
蓑　サ・みの
催　サイ・もよおす
歳　サイ・セイ・とし・よわい
載　サイ・のる・とし・のり・はじめ
債　サイ
罪　ザイ・つみ
搾　サク・しぼる
獅　シ
詩　シ・うた
試　シ・こころみる・ためす

嗣　シ・つぎ・つぐ・ひで
資　シ・すけ・たすく・ただ
飼　シ・かう・やしなう
辞　ジ・やめる・ことば
慈　ジ・しげる・ちか・なり
蒔　ジ・まく・まき
蒐　シュウ・あつめる
酬　シュウ・むくいる・あつ
愁　シュウ・うれい
舜　シュン・きよ・とし・ひとし・みつ
楯　ジュン・たて

馴　ジュン・なれる・ならす
準　ジュン・シュン・セツ・ひとし
詢　ジュン・はかる・とう・まこと
署　ショ
署　(十四画)
照　ショウ・てる・あき・あり・みつ
奨　ショウ・すけ・すすむ・つとむ
奬　(十四画)
詳　ショウ・くわしい・みつ
傷　ショウ・きず・いたむ
頌　ショウ・ジョ・ほめる・ゆとり

蒸 ジョウ・むす・つぐ	触 ショク・ふれる・さわる	飾 ショク・シキ・かざる・あきら	慎 シン・つつしむ・まこと	愼 (十三画)	新 シン・あたらしい・にい・あらた	寝 シン・ねる・ねかす	寢 (十四画)	腎 ジン	稔 ジン・ネン・ニン・みのる	睡 スイ・ねむる
瑞 ズイ・しるし・みず	数 スウ・ス・かず・のり・ひら	嵩 スウ・シュウ・かさ・たか	誠 セイ・まこと・さと・しげ	勢 セイ・いきおい・なり	聖 セイ・ショウ・きよ・ひじり・まさ	靖 セイ・のぶ・やす・やすし	跡 セキ・あと	節 セツ・セチ・ふし・さだ・よし・とも	節 (十五画)	摂 セツ・おさむ・かね
攝 (二十一画)	詮 セン	煎 セン・いる	羨 セン・うらやむ	践 セン・ふむ・ゆく・つぐ	戦 セン・たたかう・いくさ	戰 (十六画)	禅 ゼン・さとり・ゆずる・しずか	禪 (十七画)	塑 ソ	楚 ソ・すわえ・しもと
想 ソウ・ソ・ショウ・おもう	僧 ソウ	僧 (十四画)	蒼 ソウ・あおい・しげる	塞 ソク・サイ・ふさぐ・とりで	続 ゾク・つづき・つぎ・つぐ	賊 ゾク	損 ソン・そこなう・そこねる	詫 タ・わびる	楕 ダ	碓 タイ・うす
滞 タイ・とどこおる	滯 (十四画)	嘆 タン・なげく・なげかわしい	嘆 (十四画)	暖 ダン・あたたか・はる・やす	置 チ・おく・おき	馳 チ・はせる	稚 チ・ジ・わかい・のり・わか	痴 チ・おろか・しれる	蓄 チク・たくわえ・おき	牒 チョウ
跳 チョウ・はねる・とぶ	腸 チョウ	賃 チン・かね	椿 チン・つばき	艇 テイ	鼎 テイ・かなえ	禎 テイ・さだ・さだむ・さち・よし	禎 (十四画)	鉄 テツ・かね・くろがね	塡 テン・うめる・うずめる	電 デン・あきら・ひかり
殿 デン・テン・との・どの・すえ	塗 ト・ぬる・みち・まみれる	働 ドウ・はたらく	督 トク・あさむ・すけ・まさ・よし	頓 トン・とみに・にわかに	遁 トン・のがれる	楠 ナン・くす・くすのき	農 ノウ・あつ・とよ・みのり	煤 バイ・すす	幕 バク・マク・とばり	漠 バク・マク・ひろい
鉢 ハチ・ハッ	搬 ハン・はこぶ・うつす	頒 ハン・わかつ・しく	煩 ハン・ボン・わずらう	微 ビ・ミ・かすか・まれ・よし	稟 ヒン・リン・うける	楓 フウ・かえで	福 フク・とみ・よし・さいわい	福 (十四画)	腹 フク・はら	墓 ボ・はか

蒲 ホ・ブ・がま

豊 ホ・ブ・ゆたか・とよ・ひろし

飽 ホウ・あきる

蜂 ホウ・はち

睦 ボク・むつみ・ちか

夢 ム・ボウ・ゆめ

盟 メイ・ミョウ・ちかい・ちかう

滅 メツ・ほろびる

蒙 モウ・こ

椰 ヤ

楢 ユウ・なら

預 ヨ・あずかる・まさ・やす・よし

誉 ヨ・ほまれ・しげ・やす

蓉 ヨウ

瑶 ヨウ・たま

溶 ヨウ・とける・とかす・とく

腰 ヨウ・こし

傭 ヨウ・やとう

楊 ヨウ・やなぎ・やす

裸 ラ・はだか

雷 ライ・かみなり・いかずち

酪 ラク

裏 リ・うら

溜 リュウ・たまる

虜 リョ・とりこ

虜 （十二画）

稜 リョウ・かど・いず・たか

鈴 レイ・リン・リョウ・すず

零 レイ・こぼれる

廉 レン・やす・きよし・かど・きよ

煉 レン・ねる

蓮 レン・はす

路 ロ・じ・のり・みち・ゆく

滝 ロウ・たき

瀧 （十九画）

楼 ロウ・たかどの・たか・つぎ

話 ワ・はなす・はなし

賄 ワイ・まかなう

碗 ワン

十四画

斡 アツ

維 イ・これ・しげ・すけ・すみ・ただ

隠 イン・オン・かくす・やす・お

駅 エキ・つぐ

鳶 エン・とび

演 エン・のぶ・ひろ

蔭 オン・イン・かげ

歌 カ・うた・うたう

榎 カ・えのき

箇 カ・コ・かず・とも

嘉 カ・よし・よしみ

寡 カ・すくない

樺 カ・かば

魁 カイ・さきがけ・かしら

概 ガイ・カイ・むね・おおむね

摑 カク・つかむ

閣 カク・はる・たかどの・おく

関 カン・せき・きり・しきり・み

管 カン・くだ・つかさどる

慣 カン・なれる・ならす・みな

旗 キ・はた

綺 キ・いろ・はなやか

箕 キ・み

疑 ギ・うたがう

漁 ギョ・リョウ・あさる・すなどり

境 キョウ・ケイ・さかい

銀 ギン・しろがね

駆 ク・かける・かる

駈 （十五画）

語 ゴ・かたる・こと

誤 ゴ・あやまる

膏 コウ

閤 コウ

構 コウ・かまう・かまえる

綱 コウ・つな・つね

酵 コウ・もと

豪 ゴウ・たけし・つよし・ひで

穀 コク・よし・より

穀 （十五画）

酷 コク・むごい・ひどい

獄 ゴク・ひとや

魂 コン・たましい

瑳 サ・みがく

際 サイ・きわ・はて・あいだ	榊 さかき	察 サツ・あきら・み・みる・しる	颯 サツ	雑 ザツ・ぞう・まじる・とも・かず	雜 (十八画)	算 サン・かず・とも・かぞえる	酸 サン・すい・す	誌 シ・しるし・しるす	漬 シ・つける・つかる・ひたす	雌 シ・めす・め
磁 ジ	爾 ジ・ニ・なんじ・みつる・あきら	漆 シツ・うるし	遮 シャ・さえぎる・とめる	種 シュ・たね・かず・しげ・ふさ	竪 ジュ・リュウ・たて・たつ・なお	需 ジュ・みつ・もと・もとめ・まつ	銃 ジュウ・つつ	塾 ジュク	緒 ショ・チョ・お・ひも・いとぐち	緖 (十五画)
蔣 ショウ	彰 ショウ・あきら・あき・あや	障 ショウ・さわる	摺 ショウ・する	嘗 ショウ・なめる	裳 ショウ・も	賑 シン・にぎやか・にぎわう	槙 シン・テン・まき	槇 (十四画)	榛 シン・はり・はしばみ・はる	翠 スイ・みどり
静 セイ・ジョウ・しずか・きよ	靜 (十六画)	精 セイ・ショウ・あき・きよ	製 セイ・つくる・のり	誓 セイ・ちかう・ちか	碩 セキ・おう・ひろ・みち・ゆたか	説 セツ・ゼイ・とく・よろこぶ	銭 セン・ぜに	銑 セン・ずく・さね	漸 ゼン・セン・ようやく・すすむ	遡 ソ・さかのぼる
漕 ソウ・こぐ	槍 ソウ・やり	総 ソウ・ス・すぶる・のぶ・ふさ	層 ソウ・ゾウ・かさなり・かさね	層 (十五画)	聡 ソウ・ス・あきら・さとし	遭 ソウ・あう	漱 ソウ・すすぐ	綜 ソウ・おき・すべる	増 ゾウ・ソウ・ます・ふえる・まさる	增 (十五画)
像 ゾウ・かた・すえ・のり	憎 ゾウ・にくむ・にくしみ	憎 (十五画)	遜 ソン・ゆずる・へりくだる	駄 ダ・タ	態 タイ・テイ・すがた・かたち	奪 ダツ・うばう	端 タン・はし・はた・ただし・はじめ	嫡 チャク・テキ・あとつぎ	綴 チュウ・つづる	徴 チョウ・あき・あきら・よし・めす
徵 (十五画)	肇 チョウ・はじめ・はじむ	暢 チョウ・とおる・なが・のぶ・まさ	蔦 チョウ・つた	槌 ツイ・つち	適 テキ・かなう・まさ・ゆき・あつ	滴 テキ・しずく・したたる	摘 テキ・チャク・つむ	稲 トウ・いね・いな	稻 (十五画)	銅 ドウ・あかがね
徳 トク・あつ・さと・なり・なる・のり	德 (十五画)	読 ドク・トク・トウ・よむ・よみ	認 ニン・みとめる・もろ	寧 ネイ・やす・やすし	頗 ハ・すこぶる	箔 ハク	髪 ハツ・かみ	髮 (十五画)	閥 バツ	罰 バツ・バチ

緋 ヒ・あか
碑 ヒ・いしぶみ
碑 (十三画)
鼻 ビ・はな
漂 ヒョウ・ただよう
輔 フ・ホ・たすく・すけ
腐 フ・くさる
複 フク・かさなる・ふたたび
聞 ブン・モン・きく・きこえる
碧 ヘキ・みどり・あお
暮 ボ・くれる・くれ・くらし

慕 ボ・したう
鞄 ホウ・かばん
蓬 ホウ・よもぎ
鳳 ホウ・たか・おおとり
貌 ボウ・かたち
墨 ボク・すみ
墨 (十五画)
僕 ボク・しもべ・ともがら
膜 マク・バク
蔓 マン・つる・はびこる
漫 マン・ひろ・みつ

慢 マン・あなどる
鳴 メイ・なく
銘 メイ・しるす・かた・な
蜜 ミツ
綿 メン・わた・つらなる・まさ・やす
模 モ・ボ・かた・のり・ひろ
網 モウ・ボウ・あみ
誘 ユウ・さそう
熊 ユウ・くま
踊 ヨウ・おどり
様 ヨウ・さま

樣 (十五画)
領 リョウ・おさ・むね
僚 リョウ・あきら・とも・つかさ
綾 リョウ・あや・あやぎぬ
緑 リョク・ロク・みどり・つな
緑 (十四画)
綸 リン・カン・いと・お
瑠 ル・リュウ
暦 レキ・リャク・こよみ
曆 (十六画)
歴 レキ・つね・ゆき

歷 (十六画)
漣 レン・さざなみ
練 レン・ねる・ねり
練 (十五画)
漏 ロウ・ロ・もる
窪 ワ・くぼ

十五画

鞍 アン・くら
慰 イ・なぐさむ・やす
遺 イ・ユイ・わすれる・のこす
影 エイ・かげ
鋭 エイ・するどい・さとし
閲 エツ・けみする・かど・み
謁 エツ・もうす・おめみえ
謁 (十六画)
縁 エン・ふち・むね・やす・ゆかり
緣 (十五画)

横 オウ・よこ
橫 (十六画)
億 オク・はるか・やす
蝦 カ・えび
駕 カ・ガ・ケ
稼 カ・かせぐ・みのり
課 カ・わりあて
餓 ガ・うえる
確 カク・たしか・かた・かたし
監 カン・あき・あきら・み・ただ
歓 カン・よし・よろこぶ

緩 カン・ゆるい・のぶ・ひろ・ふさ
畿 キ
器 キ・うつわ・かた
器 (十六画)
毅 キ・たか・たけし・つよし・のり
輝 キ・あきら・てる・かがやく
嬉 キ・よし・うれしい・たのしい
槻 キ・つき
熙 キ・さと・ひかる・やわらぐ
儀 ギ・ただし・のり・よし
戯 ギ・ゲ・たわむれる

戲	（十七画）
誼	ギ・こと・よしみ・よし
窮	キュウ・きわめる
蕎	キョウ
緊	キン・きびしい・しまる・ちぢむ
駒	ク・こま
勲	クン・いさお・いそ
勳	（十六画）
慶	ケイ・ちか・のり・みち・やす・よし
慧	ケイ・エ・かしこい・さとし・さとる
稽	ケイ・かんがえる
劇	ゲキ・はげしい
撃	ゲキ・うつ・たたく・あたる
擊	（十七画）
潔	ケツ・きよし・ゆき・よし
蕨	ケツ・わらび
権	ケン・ゴン・のり・はかる
糊	コ・のり
稿	コウ・したがき
撮	サツ・とる・うつす
撒	サツ・まく
賛	サン・あきら・すけ・たすく・よし
暫	ザン・しばらく
賜	シ・たま・たまわる
質	シツ・シチ・チ・かた・ただ・もと
趣	シュ・おもむき
熟	ジュク・うれる・にぎ・なり
遵	ジュン・ちか・のぶ・より・ゆき
潤	ジュン・うるむ・めぐみ・ます
諄	ジュン・あつ・いたる・しげ・とも
醇	ジュン・あつ・あつし
諸	ショ・これ・つら・もり・もろ
諸	（十六画）
樟	ショウ・くす
賞	ショウ・よし・たか・たかし
衝	ショウ・つぎ・つく・みち
蕉	ショウ
縄	ジョウ・ショウ・なわ・ただす
嘱	ショク・たのむ
審	シン・あき・あきら
震	シン・ふるう・なり
諏	ス・シュ
誰	スイ・だれ・たれ
穂	スイ・ほ・みのる・お
穗	（十七画）
請	セイ・シン・こう・うける
潟	セキ・かた
撰	セン・えらぶ
線	セン・すじ
選	セン・かず・より・よる
遷	セン・うつる・かわる
潜	セン・ひそむ・もぐる・くぐる
噌	ソ
痩	ソウ・やせる
箱	ソウ・はこ
槽	ソウ・おけ
蔵	ゾウ・くら・まさ・おさむ
藏	（十八画）
噂	ソン・うわさ
諾	ダク・つぐ・うなづく
歎	タン・なげく
誕	タン・のぶ・うまれる・そだてる
談	ダン・かた・かね・かたる
駐	チュウ・チュ・とどまる
鋳	チュウ・い・いる
鑄	（二十二画）
箸	チョ・はし
調	チュウ・しらべ・つぐ・のり・みつぎ
澄	チョウ・すみ・きよ・とおる
潮	チョウ・うしお・しお
蝶	チョウ
墜	ツイ・おちる
鄭	テイ
締	テイ・しまる・しめる
敵	テキ・かたき
徹	テツ・いたる・おさむ・とおる
撤	テツ・すてる
踏	トウ・ふむ・ふまえる
樋	トウ・ひ・とい
撞	ドウ・つく
導	ドウ・みちびく
憧	ドウ・トウ・あこがれ
熱	ネツ・あつい・あつ・あた
播	ハ・まく
輩	ハイ・とも・やから・ともがら
賠	バイ・つぐなう
範	ハン・のり・てほん・すすむ・かた
幡	ハン・はた

蕃	バン
磐	バン・いわ
盤	バン・ハン・さら・まる・やす
罷	ヒ・やめる・つかれる
標	ヒョウ・しるし・すえ・たか
廟	ビョウ
賓	ヒン・つぐ・うら
賓	（十四画）
敷	フ・しく・のぶ・ひら
賦	フ・ます・とる・みつぎ
膚	フ・はだ
蕪	ブ・かぶ・かぶら
撫	ブ・なでる
舞	ブ・まう・まい
憤	フン・いきどおる
噴	フン・ふく・はく
墳	フン・はか
蔽	ヘイ・おおう
餅	ヘイ・もち
幣	ヘイ・ぬさ・たから
弊	ヘイ・やぶれる
篇	ヘン
編	ヘン・あむ・つら
舗	ホ・フ・みせ・すけ
鋒	ホウ・ほこ・さき
褒	ホウ・よし・ほめる
暴	ボウ・バク・あらい・あらす
撲	ボク・うつ
摩	マ・する・こする・みがく
魅	ミ・ヒ・ばかす・まどわす
黙	モク・だまる
默	（十六画）
憂	ユウ・うれえる・うれい・うい
窯	ヨウ・かま
養	ヨウ・やしなう・かい・きよ・やす
璃	リ
劉	リュウ
履	リ・はく・ふむ・くつ
慮	リョ・おもんぱかる・のぶ
諒	リョウ・まこと・あきらか
寮	リョウ・いえ・まさ・つかさ
遼	リョウ・はるか・とおい
輪	リン・わ・もと
凜	リン・きびしい
凛	（十五画）
霊	レイ・リョウ・たま
黎	レイ・たみ
憐	レン・あわれむ
論	ロン・とき・のり
魯	ロ

十六画

緯	イ
謂	イ・いう・いい・おもう
衛	エイ・エ・まもる・もり
衞	（十六画）
叡	エイ・とし・さとい・さとし・あきら
燕	エン・つばめ・つばくろ
鴨	オウ・かも
憶	オク・おもう・おもい・おぼえ
穏	オン・おだやか・しずか・やす
懐	カイ・エ・ふところ・かね・ちか
懷	（十九画）
壊	カイ・エ・こわす・こわれる
壞	（十九画）
獲	カク・える・う・うる
樫	かし
館	カン・やかた・たて・たち・やしき
還	カン・ゲン・かえる・めぐる
憾	カン・うらみ
窺	キ・うかがう
機	キ・きざし・はた・のり
橘	キツ・たちばな
鋸	キョ・のこぎり
頰	キョウ・ほお
橋	キョウ・はし・たか
凝	ギョウ・こる・こらす
錦	キン・コン・かね・にしき
薫	クン・かおる・かおり・しげ・のぶ
薰	（十七画）
憩	ケイ・やす・いこい
激	ゲキ・はげしい
憲	ケン・のり・あきら・かず・さだ
賢	ケン・かしこい・かた・さとし・まさる

諺	ゲン・ことわざ
醐	ゴ
縞	コウ・しま
興	コウ・キョウ・おこす・おき・き
鋼	コウ・はがね・かた
衡	コウ・はかる・ひで・ひら・ひろ
墾	コン・ひらく・つとむ
錯	サク・まじる
諮	シ・はるか・とう
錫	シャク・すず
儒	ジュ・ひと・みち・やす・よし
樹	ジュ・キ・しげ・たつ・たつき
輯	シュウ・あつめる
縦	ジュウ・ショウ・たて・なお
縱	（十七画）
獣	ジュウ
獸	（十九画）
鞘	ショウ・さや
嬢	ジョウ
孃	（二十画）
錠	ジョウ・テイ
壌	ジョウ・つち・ところ
親	シン・おや・ちか・み・みる・より
薪	シン・たきぎ
錐	スイ・きり
錘	スイ・つむ・おもり
錆	セイ・さび・さびる
醒	セイ・さめる
整	セイ・なり・よし・ひとし
積	セキ・つね・つもる・さね
薦	セン・すすむ・しく・のぶ・しげ
膳	ゼン
操	ソウ・みさお・とる・あやつる
樽	ソン・たる
黛	タイ・まゆずみ
醍	ダイ
濁	ダク・ジョク・にごる
壇	ダン・タン
薙	チ・テイ・なぐ
築	チク・きずく・つき・つく
諦	テイ・あきらめる
蹄	テイ・ひずめ
鮎	デン・ネン・あゆ
頭	トウ・ズ・あたま・かみ・かしら
糖	トウ
橙	トウ・だいだい
篤	トク・あつ・あつし・しげ・すみ
曇	ドン・タン・くもる
燃	ネン・もす・もえる・もやす
濃	ノウ・こい・あつし・の・みのり
薄	ハク・うすい・せまる・すすき
縛	バク・しばる
繁	ハン・しげ・しげる・えだ・とし
繁	（十七画）
避	ヒ・さける
奮	フン・ふるう
壁	ヘキ・かべ
縫	ホウ・ぬう・ぬい
膨	ボウ・ふくらむ・ふくれる
謀	ボウ・ム・はかる
磨	マ・みがく・おさむ・きよ
薬	ヤク・くすり・くす・くすし
藥	（十八画）
輸	ユ・いたす・おくる
諭	ユ・さとし・さとる・つぐ
融	ユウ・あきら・とおる・みち
謡	ヨウ・うたい・うた・うたう
謠	（十七画）
擁	ヨウ・かかえる・まもる・いだく
頼	ライ・たのむ・たよる
賴	（十六画）
蕾	ライ・つぼみ
燎	リョウ・かやく・かがりび
隣	リン・となり・さと・ちかし
隷	レイ・しもべ
澪	レイ・みお
錬	レン・ねる・きたえる
鍊	（十七画）
蕗	ロ・ふき
録	ロク・しるす・とし・ふみ
錄	（十六画）

十七画

曖	アイ
闇	アン・やみ・くらやみ
臆	オク
霞	カ・かすみ
鍋	カ・なべ
嚇	カク
轄	カツ
韓	カン・から
環	カン・たま・たまき・わ
徽	キ
磯	キ・いそ
犠	ギ・いけにえ
擬	ギ・なぞらえる
鞠	キク・まり・つづ・みつ
矯	キョウ・ためる・いさむ・たけし
謹	キン・つつしむ・ちか・なり・のり
謹	(十八画)
鍵	ケン・かぎ
謙	ケン・かた・かね・のり
厳	ゲン・ゴン・きびしい・かね・たか
嚴	(二十画)
檎	ゴ
講	コウ・つぐ・のり・みち
購	コウ・あがなう・かう
鴻	コウ・ひろ・おおとり
藁	コウ・わら
壕	ゴウ
懇	コン・ねんごろ・まこと
薩	サツ
擦	サツ・する・すれる
燦	サン・あきらか・あざやか
謝	シャ・あやまる・ことわる
爵	シャク・たか・くら
濡	ジュ・ぬれる
鍬	シュウ・くわ
醜	シュウ・みにくい
縮	シュク・ちぢむ・なお
駿	シュン・すぐれる・はやい
曙	ショ・あ・あけぼの・あきら
礁	ショウ
償	ショウ・つぐなう
篠	ショウ・しの
燭	ショク
績	セキ・いさ・いさお・なり・のり
鮮	セン・あざやか・き・あきら・まれ
繊	セン
纖	(二十三画)
霜	ソウ・しも
燥	ソウ・かわき・かわく
戴	タイ・いただく
濯	タク・あらう
鍛	タン・きたえる
檀	ダン・まゆみ
聴	チョウ・きく・あき・あきら・とし
聽	(二十二画)
擢	テキ・ぬきんでる
謄	トウ・うつす
瞳	ドウ・ひとみ
瓢	ヒョウ・ふくべ・ひさご
頻	ヒン・しきりに
瞥	ベツ
謎	メイ・なぞ
優	ユウ・やさしい・すぐれる・まさる
輿	ヨ・こし
翼	ヨク・つばさ・すけ・たすく
螺	ラ・にし
覧	ラン・みる・かた・ただ
覽	(二十二画)
療	リョウ・いやす
瞭	リョウ・あきらか・あき
嶺	レイ・リョウ・みね
齢	レイ・とし・よわい

十八画

襖	オウ・ふすま
鎧	ガイ・よろい
穫	カク・かる
額	ガク・ひたい・ぬか・たか
観	カン・み・みる
簡	カン・あきら・ひろ・ふだ・ふみ
顔	ガン・かお
騎	キ・のり
襟	キ・えり・むね
験	ケン・ゲン・しるし・ためす・ききめ

驗 (二十三画)
顕 ケン・あき・あきら・てる
顯 (二十三画)
繭 ケン・まゆ
鎖 サ・くさり・とざす
繍 シュウ・ぬいとり
瞬 シュン・またたく
醤 ショウ・ひしお
穣 ジョウ・しげ・みのる・ゆたか
穰 (二十二画)
織 ショク・シキ・おる・おり・お

職 ショク・つかさ・もと・よし・より
雛 スウ・ひな
蹟 セキ
蟬 ゼミ・せみ
繕 ゼン・つくろう・よし
礎 ソ・ショ・いしずえ
叢 ソウ・くさむら
騒 ソウ・さわぐ
騷 (二十画)
贈 ゾウ・ソウ・おくる
贈 (十九画)

題 ダイ・みだし・みつ
簞 タン
儲 チョ・もうける
懲 チョウ・こりる・こらす
懲 (十九画)
鎮 チン・しずめ・やす・しず・たね
鎭 (十八画)
鵜 テイ・う
櫂 トウ・かい
闘 トウ・たたかう
藤 トウ・ひさ・ふじ

難 ナン・かたい・むずかしい
難 (十九画)
藩 ハン・まがき
覆 フク・おおう・くつがえす
癖 ヘキ・くせ
鞭 ベン・むち
翻 ホン・ひるがえる・とぶ
飜 (二十一画)
麿 まろ
癒 ユ・いえる・いやす
曜 ヨウ・あきら・てらす・てる

燿 ヨウ・てる・かがやく
藍 ラン・あい・たで
濫 ラン・みだりに
鯉 リ・こい
糧 リョウ・ロウ・かて
臨 リン・のぞむ・のぞみ
類 ルイ・とも・よし・たぐい
類 (十九画)
鎌 レン・かま・かね

十九画

韻 イン・おもむき・ひびき
艶 エン・つや・よし
蟹 カイ・かに
願 ガン・ねがい
麒 キ
鏡 キョウ・かがみ・あき・あきら
繫 ケイ・つなぐ
警 ケイ・キョウ・いましめる
鶏 キエ・とり・にわとり
鷄 (二十一画)

鯨 ゲイ・くじら
璽 ジ・しるし
識 シキ・さと・つね・のり・しり
櫛 シツ・くし
蹴 シュウ・ける
髄 ズイ・すね・ゆき・より
蘇 ソ・よみがえる
繰 ソウ・くる・あやつる
藻 ソウ・も・あや
臓 ゾウ
臟 (二十二画)

寵 チョウ
鯛 チョウ・たい
顚 テン・いただき
禱 トウ
覇 ハ・はたがしら・かしら
爆 バク・さける・はじける
曝 バク・さらす
瀕 ヒン
譜 フ・つぐ
簿 ボ
鵬 ホウ・おおとり・ゆき・とも

霧 ム・きり
羅 ラ・つらねる・うすぎぬ・あみ
瀬 ライ・せ
瀨 （十九画）
蘭 ラン・ふじばかま
離 リ・はなす・あきら・つら
麗 レイ・ライ・うるわし・つぐ・よし
簾 レン・す・すだれ
櫓 ロ・やぐら
麓 ロク・ふもと

二十画

巌 ガン・いわお・みち・みね・よし
巖 （二十三画）
議 ギ・はかる・た・のり
競 キョウ・ケイ・きそう・せる
響 キョウ・ひびき・おと
響 （二十二画）
馨 ケイ・か・かおり・かおる
懸 ケン・ケ・かける・かかる・とお
護 ゴ・まもる・まもり
纂 サン

鐘 ショウ・かね
譲 ジョウ・ゆずる・のり・よし
讓 （二十四画）
醸 ジョウ・かもす
釀 （二十四画）
籍 セキ・シャク・ふみ・もり
騰 トウ・あがる・のぼる
耀 ヨウ・てる・かがやく・あきら
欄 ラン・てすり
欄 （二十一画）

二十一画

鰯 いわし
鶴 カク・つる
艦 カン・いくさぶね
顧 コ・かえりみる・おもう
轟 ゴウ・とどろく
纏 テン・まとい
魔 マ
躍 ヤク・おどる
露 ロ・ロウ・つゆ・あらわす
蠟 ロウ

二十二画

鷗 オウ・かもめ
饗 キョウ・あえ
驚 キョウ・おどろく・とし・みはる
驍 ギョウ
讃 サン・たたえる
襲 シュウ・かさねる・かさね
灘 タン・なだ

二十三画

鑑 カン・あきら・みる・み
鷲 シュウ・わし
鱒 ソン・ます
鱗 リン・うろこ

二十四画

鷹 オウ・ヨウ・たか
麟 リン・きりん
鷺 ロ・さぎ

あとがき

「人は一代、名は末代」といいますが、姓名は、その人とともに生きています。姓名に宿るさまざまな暗示や作用が、目に見えない力となって、その人の運命に重要な役割を果たしているといっても過言ではありません。

ある人は、勤勉で努力を惜しまず、修養して着々と出世街道を歩み、思いがけない困難に出会っても克服し、いつの間にか幸運を掴んでいる…という人がいます。他から見れば、苦労らしい苦労はしていないのに、能力が認められて活躍している人もいます。その一方で、どんなに努力しても報われず失敗を繰り返してしまう人、怠惰に暮らし病難や孤独に終わるなど、幾度となく不幸に見舞われてしまう人もいます。このように人の一生、運勢の吉凶に、姓名が大きな影響を与えていることを理解していただけたと思います。

人間は未知なる宇宙の創造物であることは前にも記しましたが、神様から与えられた生成化育の自然の摂理を受けて、母親の胎内に１０ヶ月宿り、先天的約束のもとでこの世に誕生し、名を授かります。でも、残念なことに人の生命は限られた寿命があるのです。

しかし姓名はどうでしょうか。人の名前は、広大無辺にして悠久不滅なのです。それは、誕生とともに贈られた名前は、必ず後天的な作業のもとで、その人の歴史に名を残します。

この姓名を基本とした学問は、長年、大勢の方々の姓名鑑定を行ってきた経験からも、非常に不思議な力を実感しています。たとえば命名されて間もない赤ちゃんも、一ヶ月もするとその名にあった顔立ちになってくるのです。結婚して夫の姓に変わり、性格や体質まで変わったという女性も多くいます。また、改名によって病弱だった人が健康になったり、対人運や仕事運が良くなって事業が発展したといった例は数えきれません。

このように、「姓名学」における性格や体質など、姓名には、その人の性格的な特徴、生まれもった能力や才能が隠れています。ですから、自分に向いた職業を知り、適した仕事に就くことができれば、人生の基盤を早く築くこともできます。さらに、自らの運命の動向を推察するために、関わりをもつ周囲の人の性格、価値観などを知って、より良い関係をつくっていくことも、幸運な人生につながると言えるでしょう。

いま順風満帆な人も、晩年に備えて人生計画を考えることも可能です。現在、才能が発揮できず不遇な状況であっても、中年期に運勢が向上する姓名だと知れば、きっと将来に向けた努力を惜しまないでしょう。このように、姓名には計り知れない運命力が秘められているのです。そして、その運命力を闊達に活かすのは、皆さんご自身にほかなりません。

「姓名」は、まさに「生命」そのものです。皆さんも、ご自身の姓名と真摯に向き合ってみてください。そして、本書が、その指標となることを心から願っています。

井上象英

著者　井上象英（いのうえしょうえい）

カバー＆本文デザイン　小島智典
編集　小田草介
本文イラスト　明比直子
構成　たなかゆうこ
編集協力　三創企画研究所
スタジオアール
創作工房あとらえる

知っておきたい　幸せになれる姓名学
平成22年2月18日　第1版発行

発行者　木村依史
発行所　株式会社 神宮館
〒110-0015 東京都台東区東上野1丁目1番4号
電 話　03-3831-1638（代）
FAX　03-3834-3332
印 刷　図書印刷株式会社
製 本　有限会社 丸山製本所
検印廃止

定価はカバーに表示してあります。

ISBN978-4-86076-098-4
Printed in Japan
神宮館ホームページアドレス　http://www.jingukan.jp
1020130